N. IORGA

Professeur d'Histoire à l'Université de Bucarest
Membre de l'Académie roumaine

HISTOIRE DES RELATIONS ENTRE LA FRANCE ET LES ROUMAINS

Préface de M. CHARLES BEMONT

Directeur de la Revue historique

PARIS
LIBRAIRIE PAYOT ET CIE
106, BOULEVARD SAINT-GERMAIN, 106
1918
Tous droits réservés

© 2024, Nicolae Iorga (domaine public)
Édition : BoD · Books on Demand, 31 avenue Saint-Rémy, 57600 Forbach, bod@bod.fr
Impression : Libri Plureos GmbH, Friedensallee 273, 22763 Hamburg (Allemagne)
ISBN : 978-2-3225-1592-9
Dépôt légal : Février 2025

Tout droits de reproduction et de traduction réservés pour tous pays.

INTRODUCTION

M. Nicolas Iorga ou Jorga est un Moldave. Il est né à Botuschani le 5 juin 1871. Docteur de l'Université de Jassy, il est professeur d'histoire à l'Université de Bucarest, membre de l'Académie roumaine, député au Parlement du royaume. Il est arrivé jeune à de hautes situations par son travail, sa science et son talent. Pour nous autres Français, il est intéressant de savoir en outre qu'il est venu terminer en France ses années d'apprentissage scientifique et qu'il est élève diplômé de notre École pratique des Hautes-Études (Sorbonne). Chargé de missions à l'étranger pour recueillir les documents relatifs à l'histoire de son pays, il entreprit de longues et fructueuses explorations dans les archives et les bibliothèques européennes, en particulier dans celles de France, d'Italie, d'Autriche et d'Allemagne. Les nombreuses copies qu'il y a prises ont alimenté pendant plusieurs années les vastes recueils qui paraissent sous le nom de Hourmouzaki et sous le patronage de l'Académie roumaine ; elles ont fourni la matière de publications considérables, telles que les *Actes et fragments relatifs à l'histoire des Roumains rassemblés dans les dépôts de manuscrits de l'Occident* (3 volumes) et les *Notes et extraits pour servir à l'histoire des Croisades au XVe siècle* (5 volumes, 1899-1915).

Mais M. Jorga n'est pas seulement un liseur, un copiste infatigable ; c'est un historien. Curieux du détail des faits, il sait aussi montrer comment ils s'enchaînent et dégager les causes qui les déterminent. Il l'a prouvé dans des circonstances exceptionnelles où il a été en quelque sorte le porte-parole de son pays devant le monde savant ; ainsi dans la conférence qu'il fit devant les délégués des Universités étrangères venus pour assister au jubilé de l'Université de Jassy en 1911 (les Éléments originaux de l'ancienne civilisation roumaine), et les deux communications lues au troisième congrès international d'histoire (Londres, 1913) sur Les bases nécessaires d'une nouvelle histoire du moyen-âge et La survivance byzantine dans les pays roumains. Il a écrit de gros livres qui prouvent une lecture immense mais qui sont tout autre chose que des recueils de textes : *Philippe de Mézières (1327-1406) et la Croisade au XIVe siècle*, thèse présentée à l'École des Hautes-Études (fascicule 110 de la « Bibliothèque » de l'École, 1896), sur la vie et les écrits d'un seigneur picard qui ne cessa de combattre par l'épée et par la plume les Ottomans ennemis de la chrétienté ; une volumineuse

Histoire de la littérature roumaine au XVIIIe et au XIXe siècle ; une Histoire de l'empire ottoman (5 vol. 1908-1913) qu'il dut se résigner à faire paraître en allemand et en Allemagne, n'ayant pas réussi à la faire éditer ni chez lui ni chez nous ; une Histoire des Roumains de Transylvanie et de Hongrie (2 volumes 1915-1916), publiée cette fois en français et à Bucarest. Et nous ne parlerons ni de ses précis d'histoire universelle ou d'histoire de Roumanie rédigés pour les élèves des écoles secondaires, ni des nombreux articles, critiques et autres, publiés soit dans le Bulletin de la Section historique de l'Académie roumaine fondé en 1912, soit dans le Bulletin de l'Institut pour l'étude de l'Europe sud-orientale dont il est un des directeurs (depuis 1914), ni dans des recueils d'érudition de l'étranger, tels que notre Revue critique d'histoire et de littérature ou notre Revue historique. Ce ne serait pas ici le lieu de dresser une bibliographie complète des œuvres de M. Jorga ; ce qui précède suffit d'ailleurs pour marquer la place éminente qu'il occupe dans le monde de l'érudition historique.

Publiciste savant et fécond, M. Jorga est en outre un ardent patriote. Il aime sa patrie pour la richesse de son sol, l'originalité de son art religieux et même profane, la variété de sa littérature, si complètement inconnue en France ; il l'aime pour ses malheurs. Il a de la tendresse pour son peuple laborieux et honnête, surtout pour la forte race des paysans qui engrangent de si belles récoltes et donnent à l'armée tant et de si braves soldats. L'histoire lui montre ce peuple divisé en plusieurs tronçons que séparent des fleuves et des montagnes, mais qui sont conscients de leur origine commune et qui veulent s'unir en un grand État danubien. Il parle avec enthousiasme de l'acte créateur qui, en 1866, a scellé la réunion de la Moldavie et de la Valachie et il garde à la France un vif sentiment de reconnaissance pour la part essentielle qu'y prit la « grande sœur latine » de la nouvelle Roumanie. Comme tous les patriotes roumains, il souhaite qu'à ce ferme noyau central viennent s'ajouter les autres Roumains encore soumis au joug étranger, notamment ceux qui sont les sujets persécutés des Autrichiens et des Magyars. La guerre mondiale qui éclata en 1914 lui apparut comme l'occasion unique pour délivrer enfin ces frères opprimés et parfaire l'unité roumaine. Il écrivait en octobre 1915 : « Je n'ai pas hésité un moment à reconnaître et à servir la bonne cause. Je suis un de ces arriérés qui croient encore qu'il y a au monde autre chose que le droit de la force. En Roumanie, nous sommes décidés... » Les premiers revers, qui le frappèrent cruellement dans ses intérêts personnels, n'ébranlèrent ni ses convictions, ni ses espérances. C'est au peuple qu'il songea tout d'abord ; « Notre paysan a été admirable dans la défense du sol natal ; malgré les dures épreuves qu'il eut à subir, il n'a pas dégénéré » (lettre du 20 octobre 1916). Même après la conquête de la Valachie par les Austro-Allemands, aidés comme au moment du hallali par les Bulgares et les Turcs, il ne désespéra pas : « Nous ne sommes ni découragés ni humiliés. Nous ne nous sentons pas malheureux, bien que nous ayons tout perdu, surtout les plus pauvres d'entre nous, car les Allemands ne se font aucun scrupule de tout emporter ou de tout détruire. Nous ne regrettons rien de ce que nous avons fait ; nous avons la conscience de n'avoir rien épargné pour lutter, au moment même où s'élaborait une rénovation morale, lente mais sûre. Nous ne nous leurrons pas de vains espoirs ; nous subirons notre sort, c'est-à-dire que nous les vaincrons. C'est une œuvre à reprendre et non une œuvre à abandonner. La souffrance nous aura rendus plus forts pour la reprise de demain » (lettre du 18 décembre 1916). Dans le même temps, il disait à la tribune de la Chambre des députés (27 décembre) : « Nous sommes entrés en guerre avec la résolution de donner tout ce que nous avons à cette heure pour obtenir notre droit entier. Pour tout cela et pour rien au-delà. Si, au cours de cette guerre, nous avons démontré une fois de plus sur tant de champs de bataille, que l'âme humaine demeure toujours supérieure aux moyens fournis par le hasard, nous avons écrit un chapitre, non seulement dans l'histoire des guerres, mais aussi dans le développement de la moralité humaine ». Dans ce même discours, il évoquait encore les plus grandes figures de l'histoire roumaine : celle de Michel Le Brave « le héros dont nous avons », disait-il, « suivi les traces dans la victoire et dans la souffrance... Nous avons souffert comme lui et peut-être dès demain nous irons punir comme lui ceux qui couvrent de leur usurpation une terre roumaine » ; et celle d'Étiènne-le-Grand, dont les soldats du général Sarrail ont récemment retrouvé l'étendard dans un monastère bulgare du mont Athos (voir l'Illustration du 28 juillet 1917). Le 27 avril 1917, M. Jorga faisait représenter au théâtre national de Jassy un drame de lui sur Etienne-le-

Grand ; la famille royale y assistait et ce fut un événement littéraire qui fit battre le cœur de tous les Roumains.

En attendant l'heure de la « reprise », M. Jorga combat avec sa plume avec autant d'ardeur et de foi que les soldats avec leurs armes. Jamais peut-être son activité n'a été plus féconde que depuis le moment où il se trouva exilé dans son propre pays. Sous ses doigts d'historien et d'imprimeur se succèdent des brochures de propagande destinées à faire connaître la Roumanie aux nations de l'Entente et ces nations elles-mêmes à la Roumanie : Relations des Roumains avec les alliés, bref résumé de 46 pages ; Les droits nationaux et politiques des Roumains dans la Dobrogea, où il présente des considérations politiques dont les diplomates devront s'inspirer quand il s'agira de poser les conditions de la paix ; Histoire des relations russo-roumaines fort volume de 367 pages; enfin l'Histoire des relations entre la France et les Roumains, qu'on lira plus loin et dans laquelle, en deux cents pages, il a condensé une masse considérable de faits attestés par les documents glanés par lui dans les bibliothèques et les archives. Dans ce dernier opuscule, on pourra suivre avec un intérêt croissant les rapports entre deux peuples séparés par devastes espaces et par des empires ennemis, mais unis par la communauté de la langue et des intérêts depuis l'antiquité gauloise jusqu'à nos jours. Cet ouvrage a été d'abord offert gratuitement par l'auteur aux officiers de la mission française « comme un hommage de reconnaissance » ; on va le lire sous une parure nouvelle. Puisse-t-il, largement répandu, contribuer à resserrer plus étroitement encore les liens qui nous rattachent à la Roumanie, liens où le cœur a autant de puissance que la raison.

Charles Bémont.

AVANT-PROPOS

Ce petit livre fut commencé au moment où se posait pour la Roumanie le grave problème de ses destinées futures, ainsi que celui de son devoir envers la justice, la civilisation et l'humanité. Quelques chapitres parurent dans l'Indépendance Roumaine. Le reste est inédit.

L'Académie Roumaine avait pris la décision de publier cette contribution historique que la Roumanie devait bien, surtout à cette heure de lutte commune, à sa sœur aînée et à la noble protectrice de ses débuts. Elle aurait paru à Bucarest, si les événements n'en avaient autrement décidé. A Jassy, à l'heure de la retraite et des préparatifs fiévreux pour la revanche, elle se présente dans l'humble vêtement de nos malheurs.

Le but de l'auteur, ancien élève des écoles de France, est seulement de faire savoir au public français que la politique actuelle de la Roumanie n'est pas une improvisation, ni un

caprice, quelle répond à d'anciennes traditions et suit le chemin indiqué par le développement historique.
Jassy, 30 décembre 1916.

CHAPITRE PREMIER

Premieres relations pendant l'antiquité et le moyen-age.

Pour trouver le premier contact entre la race française et la race roumaine, apparentées par leur commune descendance latine, il faudrait remonter à l'époque très éloignée où les Gaulois, dans leur large expansion conquérante, franchirent les rivières qui bornent au Nord la Péninsule Balcanique pour arriver jusqu'aux sanctuaires de l'ancienne Grèce. Avant ou après ce grand événement de la migration des peuples, des éléments de sang gaulois s'établirent dans le voisinage des Daces.

Plus tard encore, des mélanges de sang ont pu se produire au moment où, Rome étant la dominatrice sur la Loire aussi bien que sur le Danube, des éléments militaires d'origine dace étaient employés dans des légions des Gaules ou, inversement, des éléments gaulois dans celles de la Dacie. Mais c'est un fait d'un caractère général, appartenant à la circulation intérieure des peuples dans les larges cadres géographiques de l'Empire, et non un phénomène particulier aux relations entre les ancêtres des Français et ceux des Roumains.

Cependant, bien avant la fondation, vers l'an 1300, de la Principauté de Valachie et, vers l'an 1360, de la Principauté de Moldavie, bien avant l'apparition, au XIIIe siècle, des premiers Voévodats roumains, les Croisades amenèrent en Orient cette chevalerie française qui, accomplissant la volonté divine, les « gesta Dei per Francos », fonda le Royaume de Jérusalem, l'Empire latin de Constantinople, de nombreux fiefs militaires. A ce moment même, la race roumaine commençait à jouer un rôle dans les Balcans. Elle aida certainement à restaurer l'Etat bulgare détruit par les Byzantins. Des Valaques du Pinde luttèrent, pendant de nombreuses années, avec la bravoure caractéristique de leur race, contre les légions de l'empereur Basile, « le Tueur de Bulgares », sous les drapeaux du prince manichéen qui se faisait appeler le Tzar Samuel. C'est avec euxqu'entrèrent en contact d'abord les Croisés qui, à la fin du XIe siècle traversèrent la péninsule balcanique ; puis les troupes de Louis VII, roi de France, suivant la même voie que l'armée allemande du roi Conrad, eurent à faire, dans « la forêt des Bulgares », qui s'étendait sur la plus grande partie de la région serbe actuelle, ainsi que dans les défilés des Balcans et du Pinde, à des rôdeurs valaques, à des pâtres et à des guides appartenant à la même nation, enfin à des soldats de l'Empereur byzantin, archers principalement, qui avaient été recrutés dans la « Grande Valachie » thessalienne, province de pâtres et de guerriers. A la fin du XIIe siècle, au moment où l'ardente prédication de Foulques de Neuilly provoquait cette nouvelle croisade qui devait donner le trône de Constantinople au comte Baudoin de Flandre, vassal du roi de France, les Valaques du Pinde venaient de lever l'étendard de la révolte contre les extorsions de l'administration byzantine et les offenses faites à leurs chefs. Trois frères : Pierre, dit Casaque-Blanche parce qu'il portait le costume traditionnel en peau de mouton des bergers valades, Asan et Joannice prirent la direction de ce mouvement, qui finit par briser partout les tentatives de répression ordonnées par les Byzantins. Si l'Etat, fondé parleur valeur et leur triomphe, a pris le nom d' « Empire de Bulgarie », ils se sentirent Valaques ; les noms portés par les chefs de cet Etat, comme celui de Borila, successeur de Joannice, montrent évidemment leur origine roumaine. Ils entretinrent les relations les plus étroites avec les autres Roumains, ceux de la rive gauche du Danube, qui formaient une brillante cavalerie légère et qui étaient appelés Coumans à cause de la domination touranienne qui pesait sur leur race. Le chroniqueur français de la troisième croisade, Geoffroy de Villehardouin, parle fréquemment des conflits qui eurent lieu entre les croisés, représentants de la confession occidentale et de l'esprit féodal, et entre ces « rois de Bulgarie », ces « empereurs » de la révolte, qui entendaient représenter l'orthodoxie inébranlable de l'Orient et les traditions impérialistes de la nouvelle Rome. Villehardouin ne se trompe jamais en ce qui concerne le vrai caractère national des éléments que les chevaliers français trouvèrent devant eux dans les plaines de la Thrace aussi bien que dans le voisinage macédonien de Salonique. De même que son continuateur Henri de Valenciennes, il distingue le Bulgare, le « Bougre », qui n'est pas le soldat caractéristique de cette armée des Asénides, le « Couman » de la rive gauche du Danube, toujours à cheval, faisant flotter dans les batailles les flammes vertes de sa lance, et le « Blaque » balcanique, le Valaque du Pinde, auteur de la révolte et défenseur de la nouvelle couronne. On retrouve d'ailleurs la même note chez le contemporain de Villehardouin, le clerc allemand Ans-bert, qui décrit l'expédition de Frédéric Barberousse, pour se convaincre que le « Valaque » était un type ethnique nettement caractérisé. Quand Villehardouin nomme le nouvel Etat : « Royaume de Blaquie et de Bougrie », il se rendait bien compte du caractère double de cet empire dans lequel le Bulgare représentait la tradition politique et la classe urbaine, alors que tout ce qui était pâtre et guerrier de profession appartenait à la race roumaine des « Blaques ».

Moins d'un demi-siècle après la fondation, en 1204, de cet éphémère Empire latin de Constantinople, le grand flot de l'invasion tatare s'étendit sur les plaines de l'Europe orientale et, dépassant les Carpathes, refoula le roi de la Hongrie vaincue jusqu'aux rives de la Mer Adriatique pour se retirer ensuite et se fixer dans la steppe russe et les régions danubiennes devenues désormais le siège de sa domination. Les Tatars étaient considérés par les représentants de l'idée de la croisade comme des alliés possibles contre les Sarrasins et les Turcomans, profanateurs du Saint-Sépulcre et dominateurs des Lieux Saints.

Pendant des dizaines d'années, on se leurra en Occident de l'idée que le Khan pourrait devenir le fidèle auxiliaire d'une nouvelle croisade et que cette alliance pourrait même être scellée parla conversion au christianisme du redouté empereur mongol. Les Dominicains et les Franciscains, fidèles soldats de l'Eglise romaine, qui étaient chargés spécialement de convertir l'Orient à la foi catholique, obtinrent plus d'une mission auprès de ces Tatars susceptibles d'abandonner leurs croyances religieuses. Parmi ces moines mendiants et vagabonds, qu'animait un zèle nouveau, la plupart appartenaient à la race latine, et beaucoup à la nation française. C'est pourquoi des données, sinon sur les Roumains eux-mêmes, du moins sur le pays qu'ils habitaient et sur le mélange de nations dont ils faisaient partie au point de vue politique, se trouvent dans les récits naïfs d'un Nicolas Ascelin, d'un Jean du Plan-Carpin, Dominicains, d'un Rubruquis, lequel était de fait, un Flamand d'origine appelé Ruysbroeck. Ce dernier parle de la « Valachie d'Asan », dans le nom de laquelle on a cru voir une allusion à un Etat roumain établi sur la rive gauche du Danube ; mais la mention de Salonique (le Soloun des Slaves) dans le voisinage prouve qu'il s'agit uniquement de cette grande Thessalie qui était le réservoir balcanique d'où essaimèrent les Valaques.

Le nom même de l'État valaque, fondé, ainsi que nous l'avons dit plus haut, au commencement du XIVe siècle, par la réunion de groupes politiques d'origine populaire, qui se trouvaient depuis longtemps disséminés dans la Valachie actuelle, se rencontre pour la première fois dans les œuvres de Philippe de Mézières[1], ce fervent propagateur de la croisade, ce chevalier picard qui fut mêlé, dès sa première jeunesse, aux affaires de l'Orient, ce chancelier de Chypre qui possédait des connaissances directes et personnelles sur la Syrie et sur l'Égypte. Au couvent des Célestins de Paris, il composa des ouvrages destinés à ranimer dans l'Occident déchiré par les discordes l'esprit d'offensive chrétienne, le devoir de vaincre les païens et de délivrer les Lieux Saints. Il n'oubliait aucun peuple, aucun État qui aurait été capable de soutenir la nouvelle croisade, et c'est pourquoi à deux reprises, d'abord dans son Songe du vieil pèlerin, puis dans sa Chevalerie de la Passion écrite à l'époque de la catastrophe subie par les chrétiens à Nicopolis (1396), il mentionne la « double Abblaquie ». Il prouve par là qu'il connaissait aussi bien l'existence de la principauté valaque que celle de la nouvelle forme politique moldave, située au Nord du territoire roumain sur la rive gauche du Danube. Il avait même appris le nom du second des « grands princes » valaques d'Arges, qu'il appelle Alexandre de « Balgerat », forme corrompue du mot Basserab. Alexandre, fils de Basserab, sut en effet maintenir contre la Hongrie l'indépendance nationale qu'un grand effort militaire avait fait triompher en 1380 sous le règne de son père.

CHAPITRE II

Les Français sur le Danube roumain pendant les croisades du XVe siecle

D'ailleurs des chevaliers français apprirent à connaître cette Valachie à l'occasion de la bataille de Nicopolis perdue, comme on sait, par leur faute : au lieu de laisser les troupes aguerries de Mircea, prince de Valachie, frapper le premier coup sur l'armée de hardis spahis et de janissaires inébranlables qui combattait sous les ordres de Bajazet Ier, ils se lancèrent avec une impétuosité inconsidérée à l'attaque des Infidèles. Mircea dut assister en témoin attristé à une défaite qu'il n'avait pu empêcher. Alors que le chef suprême, Sigismond, roi de Hongrie, à demi Français lui-même par son origine luxembourgeoise, — ses prédécesseurs Charles-Robert et Louis-le-Grand, contre lesquels la Valachie lutta pour obtenir son indépendance, étaient des Angevins de Naples, des Français de pure race et de système français dans leur administration en Hongrie —, s'enfuyait sur une barque vers les bouches du Danube pour revenir par Constantinople et la Dalmatie dans sa capitale, des chevaliers français se réfugièrent sur la rive gauche du Danube, où ils trouvèrent devant eux des paysans auxquels la croisade ne disait rien que la possibilité d'un gain recueilli sur les vaincus, quels qu'ils fussent. Froissart reproduit les récits concernant la rencontre désagréable avec ces pillards rustiques, qui allèrent cacher dans leurs chaumières les vêtements luxueux des chevaliers habillés et armés à la mode de Charles VI.

Et cependant ces chevaliers de la croisade devaient revenir. Lorsque Philippe-le-Bon duc de Bourgogne, désireux de se signaler dans la grande lutte pour le Christ, cherchait à nouer des relations avec les princes chrétiens de l'Orient qui devaient le soutenir dans ses entreprises, il envoya du côté de la Lithua28 HISTOIRE DES RELATIONS nie, vers le duc Witold qui ambitionnait la couronne royale, son ambassadeur, Guillebert de Lannoy. Guillebert s'arrêta à Kameniec-Podolski, sur le Dniester, dans le voisinage immédiat des provinces du prince moldave Alexandre-le-Bon qui régna pendant plus de trente ans (1400-1432) et à qui la Moldavie dut l'achèvement de son organisation mili taire et politique. Il assista à des repas solen nels en compagnie d'ambassadeurs venus de pays lointains et de princes tatars vassaux. Accompagné d'une escorte de seize per sonnes, Roumains pour la plupart, il passa le fleuve, de Kameniec à Hotin, forteresse mol dave ; il portait des lettres rédigées en latin et en « tatar ». La rencontre de l'envoyé bourgui gnon avec le prince Alexandre, eut lieu dans le bourg de « Cozial », nom qui rappelle ce lui de l'ancienne capitale du pays, Suceava, en slave Socav. Une nouvelle escorte et de nouvelles lettres de sauf-conduit lui furent accordées pour continuer son voyage vers les pays du Sultan turc ; mais ces pays étaient troublés par la mort de Mohammed I" (1421) ENTRE LA FRANCE ET LES ROUMAINS 29 et il dut changer d'itinéraire. Après avoir tra versé des lieux déserts dans une contrée en core mal colonisée par le nouvel Etat mol dave, il arriva au principal port du pays, sur la Mer Noire, le Moncastro des Génois, la Cetatea-Alba des Roumains, qui était pour les Tatars et devait être plus tard pour les Turcs, ses conquérants, Alckerman-. Il y trouva des Génois, des Valaques et des Arméniens ou « Hermins », qui faisaient le commerce avec le Levant. L'arrivée de Guillebert eut lieu à l'époque où des milliers d'ouvriers, fournis parWitold, s'occupaient à relever les anciens murs dus aux dominateurs génois et à mettre ce grand port, qui était aussi un débouché pour les provinces russes de Lithuanie, en état de résister à une éventuelle attaque des Turcs. Il faut mentionner encore qu'avant d'arriver à Cetatea-Alba, notre voyageur tom ba entre les mains de hardis « robeurs », qui se rendirent maîtres de sa personne et de son avoir. La notion de l'ordre public existait ce pendant dans cette Moldavie du commence ment du XVe siècle, car les coupables furent aussitôt saisis et livrés à la victime, qui put en disposer selon son bon plaisir ; au lieu de les faire pendre, il se borna à reprendre son argent et il les laissa libres de pratiquer leur métier aux dépens d'autres voyageurs.

Un peu plus de vingt ans après le voyage de Guillebert de Lannoy, une armée hongroise commandée par le Roumain Jean de Hunyadi, capitaine du royaume contre les Turcs, se proposait de marcher contre Constantinople même et d'aller raffermir l'Empire menacé de Byzance. Elle devait être transportée sur une flotte fournie par Venise pour le compte du duc de Bourgogne et du Pape. Les galères vénitiennes entrèrent en effet par les bouches du Danube (1445) pour donner la main à Hunyadi, qui, avait échappé au désastre de Varna (1444). Leur commandant était Valerand de Wavrin, un Bourguignon, qui, revenu dans son pays, raconta les exploits accomplis dans son aventure danubienne à son oncle, Jean, auteur des *En-chiennes chroniques* dont le naïf patois picard fait encore les délices des lecteurs.

Une cinquantaine de pages de ce récit pittoresque sont consacrées à cette campagne de 1445, et à chaque moment, quand il s'agit d'auxiliaires, sont mentionnés des Roumains de Valachie, dont le chef était à ce moment le prince Vlad Dracul. Il est question aussi de son fils, « le fils de Valachie», de son précepteur, un vieux guerrier qui parlait assez bien le français pour raconter aux croisés la manière dont s'était passée, cinquante ans auparavant, sous ses yeux, la grande bataille de Nicopolis. L'armée valaque est décrite comme une troupe hardie et bruyante, remplissant l'air de ses cris de guerre, surtout au moment où les grandes bombardes des croisés lançaient contre les murs des châteaux turcs du Danube, avec une certaine précision, leurs lourds boulets de pierre. Ils s'essayaient eux-mêmes à cette artillerie peu connue, et il arriva que l'explosion d'une bombarde trop chargée transforma la joie de ces rudes soldats en désolation. Wavrin racontait volontiers à son parent ce qui advint sous les murs de Giurgiu, qui est pour lui « la Géorgie », et il n'oublie pas de mentionner que le château, décrit dans tous ses détails, était dû au grand prince Mircea. Son successeur lui avait parlé des nombreux blocs de sel vendus en Turquie et dont le produit avait fourni les dépenses de la construction. Espérant regagner cet héritage paternel occupé par les Turcs, il assurait que, dans ce cas, les femmes de son pays seraient capables de conquérir, leurs fuseaux à la main, l'Empire ottoman.

Le Danube est traversé par de simples bateaux roumains que le chroniqueur appelle des « manocques ».

Après avoir pénétré jusqu'à l'embouchure de l'Olt, au « Petit-Nicopolis » (qui est la ville actuelle de Turnu) et après avoir attendu l'arrivée, longtemps ajournée jusqu'à un moment tout-à-fait défavorable pour les opérations, de Hunyadi, les croisés revinrent par le Danube, en touchant à ce port de « Brilago », aujourd'hui Braïla qui, visité dès le XIVe siècle par des vaisseaux de l'Orient, notamment de Trébizonde, était le principal débouché commercial de la Valachie, et à celui de « Lycocosme », qui est Lycostomo (la Bouche-du-loup), le château insulaire de Chilia, dans le Delta du Danube.

On touchait alors à l'époque qui marque la fin des croisades françaises. Si la Moldavie combat encore pour la Croix, si son grand prince Etienne (1457-1504) mérite, dans la deuxième moitié du XVe siècle, d'être nommé par le Pape Sixte IV l' « athlète de la chrétienté », l'attention de la France sera désormais dirigée vers le grand problème intérieur de son organisation moderne et se détournera des pays danubiens. Pour se gagner des alliés contre les Turcs, Étienne-le-Grand noua de nombreuses relations avec la Papauté, avec les villes commerçantes de l'Italie, Venise surtout, mais aussi avec Florence et, sans doute, avec Gênes, avec les princes italiens, — quoique sa correspondance avec le roi de Naples n'ait pas été conservée, — sans parler de ses voisins catholiques, les rois de Hongrie (Mathias, fils du Roumain Jean de Hunyadi) et de Pologne. Il y eut bien à la même époque des aventuriers, comme Antoine Marini de Grenoble, ministre du roi de Bohême Georges Podiebrad, qui vinrent solliciter de Louis XI son concours pour une grande œuvre commune contre les Turcs ; mais si ce roi, de figure si nouvelle et si inquiétante, professait son adhésion à l'idée de la Croisade, il n'était en rien inspiré par l'enthousiasme de ses prédécesseurs ; et d'ailleurs jamais un envoyé ne lui fut officiellement adressé pour demander même un faible secours en faveur de la Moldavie prête à succomber. François Ier, tout comme son contemporain allemand, le roi Maximilien Ier et le Pape Léon X, fut l'auteur d'un projet de croisade ; mais ce projet n'eut pas de suite, et l'ennemi de la Maison d'Autriche, le candidat français à la Couronne impériale, le défenseur de la frontière du Rhin contre les appétits allemands, avait bien autre chose à faire que s'opposer aux progrès de ce Soliman-le-Magnifique qui devait être néanmoins son allié permanent contre Charles-Quint.

CHAPITRE III

Négociateurs et voyageurs français au XVIe siecle.
Premiers prétendants roumains en France

La « France en Orient » avait fini par la catastrophe de Nicopolis ou, si l'on veut, par l'insuccès de cette campagne du Danube que nous venons d'esquisser. La France des diplomates, en quête d'alliances, pénètre dans ce même Orient européen au commencement du XVIe siècle par ses agents permanents à Venise, par ses émissaires à Constantinople et par les ambassadeurs extraordinaires qui viennent s aboucher en Transylvanie avec les princes magyars de cette province, prétendants à la couronne de Hongrie confisquée par les Habsbourg, pour les amener à combattre ensemble l'impérialisme envahissant de la Maison d'Autriche.

A l'époque où un Rincon apparaissait à la petite cour hongroise des Carpathes comme messager d'alliance, la Moldavie, qui était devenue la principauté roumaine dirigeante, se trouvait sous le sceptre d'un personnage particulièrementactif et entreprenant, Pierre, dit Rares, fils du grand Etienne. Il entretenait des relations avec tous ses voisins chrétiens, rêvant de mettre à profit leurs discordes pour s'emparer de cette Transylvanie même, où il avait des apanages étendus et qui était habitée en grande partie par des paysans de sa race roumaine, prêts à le recevoir comme un libérateur. Il fut tour à tour l'ennemi acharné et l'ami passager des rois de Pologne, du « Voévode Jean » — le roi de Hongrie de la famille des Zapolya —, de Ferdinand d'Autriche. Mais il n'entretint pas de relations directes avec la France, dont les agents suivirent cependant avec un intérêt marqué lesprogrès et les vicissitudes de ce « Petro Bogdan » (Bog-dan signifie en turc : Moldave) « vayvoda » ou même « roi » de la lointaine Moldavie. Le « roy de Valachie », souvent simple créature et instrument docile de la puissante Autriche, attirait beaucoup moins l'attention. Les rapports des représentants de la France à Constantinople mentionnent quelquefois des faits touchant l'histoire des Principautés qui se passèrent sous les yeux de ces agents. Ils virent pendant la première moitié de ce XVIe siècle des cortèges de Voévodes nouvellement créés parleur « empereur », le Sultan, de malheureux princes déposés revenant à Constantinople pour y être dépouillés, rançonnés et punis de leur prospérité passée, des révoltés mis à mort pour avoir convoité de régner, même à titre de vassaux, sur l'une ou l'autre des principautés. Ils témoignent çà et là de leur pitié pour ces victimes d'une ambition téméraire ou du droit le plus authentique. « Voilà », écrit un de ces agents en 1558, « la foy qu'on voit en ces Turcs quand on est pour leur intérêt. » Une autre fois, sur ces mêmes Turcs, couverts du sang d'une récente exécution politique, il dit encore : « C'est une nation que l'on nesçauroitassezhayr et blasmer, tant pour son infidellité et différence de sa religion à la notre, que pour estre coustumière de faire tousjours de semblables ou plus meschans actes; »

Quelque temps après, un hasard rapprocha la France de cette région danubienne. La dynastie des Piastes venait de s'éteindre en Pologne. Son héritage était réclamé par l'impérialisme autrichien, qui était en train de s'annexer par des infiltrations dynastiques, comme en Hongrie, l'Orient chrétien entier ou au moins les pays catholiques, non sans la connivence du Saint-Siège. Catherine de Médicis voulut empêcher cette nouvelle extension de la domination des Habsbourg. A l'archiduc, elle opposa l'héritier même du trône français, son fils Henri, le futur Henri III. Pour gagner les électeurs polonais, elle fit miroiter devant leurs yeux l'appât d'une réunion de la Moldavie — ou, comme on disait en Pologne, la Valachie — à la couronne royale.

Dès le mois de septembre 1572, le roi Charles IX promettait par lettre adressée à Jean de Monluc, évêque de Valence, son agent, de « remettre la Valachie sous la domination dudit royaume [de Pologne] ainsi qu'elle étoit anciennement, soit qu'il la faille réduire par amiable composition ou parla force», la Pologne gagnant au moins le droit d'y nommer les princes ou « Palatins », sous réserve du tribut traditionnel à payer aux Turcs. Monluc alla plus loin : dans un discours solennel prononcé, le 10 avril de l'année suivante, devant la noblesse polonaise, il assurait que le futur roi était trop fier pour se reconnaître le vassal du Sultan et lui envoyer les sequins de la Moldavie acquise à son royaume. Les Turcs, fort irrités, opposèrent aussitôt le plus revêchedes refus; ce sont les « négations perpétuelles »que constate avec regret l'agent royal à Constantinople. Cependant Henri de France fut élu et, parmi les soldats qui l'accompagnaient dans sa fastueuse entrée, il y en avait qui étaient vêtus et armés « à la valache ».

Ces relations nouvelles amenèrent une immixtion dans les affaires de cette Moldavie pour laquelle les prétendants ne manquaient jamais. On s'avisa de soutenir un personnage remuant, le Polonais Albert Laski, dont les aventures interminables eurent aussi Paris pour théâtre. Lorsqu'on essaya de soutenir ses prétentions, qui d'ailleurs étaient dénuées de tout fondement, on se heurta cependant à l'invincible résistance du pays : « ladicte Moldavie », écrit l'agent français, « n'en veult point qui ne soit du pays ».

Parmi ceux qui figurèrent un moment à la suite de Laski, se trouvait un jeune Roumain aux longs cheveux noirs, à l'allure avenante, doué d'un grand talent pour les langues étrangères, capable de s'exprimer dans l'italien le plus pur de cette époque où le style des concettirégnait à la cour de France, et d'élever même son talent jusqu'à écrire des hymnes de hautes envergure sur la Divinité : il s'appelait Pierre Démètre ; il prétendait être le fils de ce prince Patrascu, « Petrasque » pour les Français, qui avait été soutenu jadis dans ses malheurs par le baron d'Aramont, ambassadeur de France en Orient, et par conséquent il prétendait être l'« héritier de la Grande Valachie ». Il savait raconter ses malheurs d'une manière particulièrement intéressante et donner un accent de sincérité à la revendication de ses droits naturels. Pauvre enfant sans soutien, otage de son père, puis orphelin abandonné aux Turcs, il « avoit été envoyé par certains Pachas en Syrie et en Arabie, et même dans plusieurs forteresses et châteaux d'Asie, toujours sous une forte garde, affligé et peiné pendant bien quatorze ans » ; il venait de Damas pour « se jeter aux pieds de cette couronne très chrétienne », soutien naturel de tous les déshérités et appui des légitimités en détresse. L'intervention de l'ambassadeur de France à Constantinople suffirait, disait-il, pour le faire triompher de ses ennemis et pour renverser le prince Mihnea, qui avait usurpé son héritage.

Cette requête date de l'année 1579. Ce ne fut cependant pas avant 1582 qu'il se dirigea vers Constantinople, par Lyon ; de là il écrivit, au mois de février suivant, une lettre à Mme de Germigny, dame de Germolles, femme de l'ambassadeur qui devait faire valoir ses droits devant le tribunal éminemment corruptible du Grand-Seigneur. Un an plus tard, Germigny, qui avait reçu à Constantinople son client, dûment recommandé à Venise par le secrétaire français Berthier, assurait que « l'affaire de mon prince se va toujours pollissant », jusqu'à pouvoir fixer comme terme du « rétablissement » le mois de mai suivant. Il avait déjà éprouvé cependant bien des retards, sous différents prétextes : fêtes mulsumanes, présents et tributs à recevoir, etc. ; en vain était-on intervenu auprès de la Sultane épouse, qui désirait des fards et des chiens couchants de France ; auprès de l' « oncle » du Sultan et des dignitaires qui avaient été convaincus dans la question difficile de l' « héritage légitime » de la Valachie. On avait fini par perdre l'espoir de vaincre la résistance de l' « usurpateur », lorsqu'enfin un nouvel effort renversa l'obstacle : Pierre, prince de Valachie, fit une sortie solennelle, comme les anciens empereurs byzantins, semant l'or sur son passage à travers la multitude ébahie et charmée par sa belle prestance, et il alla s'installer, avec des amis français, à Bucarest et à Targoviste.

Là, il fit fondre des canons, préparer une petite armée et élever des palais dont le goût français fit un peu plus tard l'admiration de Bongars, le savant éditeur des Gesta Dei per Francos. En février 1584, Germigny se déclarait enchanté de « nostre prince », qui lui « avoit envoyé pour ses estreines son portraict avec deux timbres de zebelline ».

L'affaire finit mal cependant. Ce prince aux grands airs et aux habitudes dépensières, ce coquet personnage, ami des étrangers, déplut. Des plaintes furent adressées à la Porte, et Mihnea sut en tirer parti. Pierre fut destitué sans que l'ambassadeur de France, toujours en mal d'argent, pût intervenir pour détourner le coup. Or Pierre, qu'on avait affublé du sobriquet de Cercel, ou « Boucle d'oreilles », à cause de cet ornement qu'il portait à la manière des mignons de Henri III, préféra s'enfuir en Transylvanie, où il fut dépouillé et retenu dans une prison d'Etat, pendant deux ou trois ans. S'étant échappé du château de Munkacs, il n'osa plus se présenter à la Cour de son ancien protecteur, où, du reste, on lui avait nettement déconseillé de se rendre. Il parut à Venise pour y répandre une fois de plus la renommée de sa beauté, de son luxe et de ses aventures. On l'admira, mais on l'invita à s'en aller le plus tôt possible. A Constantinople où il se rendit ensuite, les derniers efforts d'un homme sans argent, sans parti, sans appui diplomatique, nefurent qu'une douloureuse convulsion. Les Turcs finirent par s'en délivrer en faisant couler la barque qui l'emportait pour un exil lointain (1589).

L'exemple de ce court triomphe trouva cependant des imitateurs, qui devaient être moins heureux, mais aussi moins malheureux que lui. Déjà en 1554 le prince de Moldavie Alexandre Lapusneanu, gendre de Pierre Rares, le « tyran » dont parlent les rapports français de Constantinople, rappelait avec orgueil devant les ambassadeurs de Transylvanie l'exemple des rois de France, d'Angleterre et de Pologne, qui, tous, « bien qu'étant très puissants, payent le tribut au Sultan et exécutent ses ordres, de même que la Moldavie et la Valachie » ; plus tard, il recommandait ses fils, si leur héritage leur était ravi, au roi de France aussi bien qu'à ceux d'Angleterre et de Pologne et au doge de Venise.

Ce fut encore un héritier de Moldavie, mais d'une autre branche, remontant aussi à Étienne-le-Grand, qui se présenta à Paris en 1588, avec des lettres du Pape : un certain Jean Bogdan, Janus pour le Saint-Siège, et qui, pour sa part, signait en lettres grecques : Elie (Ilies). Henri III le créa chevalier de l'ordre de Saint-Michel et lui adjoignit pour le voyage de Constantinople un secrétaire, Harlay de Sancy, conseiller d'Etat. Jean alla s'embarquer à Venise accompagné, non par Sancy, qui n'avait montré aucune hâte d'accourir auprès de lui, mais d'un personnage de moindre importance, Joaquin Balue. Sur ces entrefaites, Henri IIIétait mort, et l'ambassadeur de France à Constantinople n'accueillit pas avec une sympathie marquée le protégé d'un roi défunt.

Alors Jean Bogdan revint en Occident : on le retrouve en Angleterre d'abord, puis à la cour d'Henri IV, et enfin à Genève, en 1591 ; de là, il implore encore une fois l'appui du seul prince qui pût lui rendre le trône de ses ancêtres en faisant intervenir son ambassadeur, le comte de Brèves, auprès du Sultan et de ses conseillers ; son fils était resté en France, « à sa maison ». Mais toutes ses requêtes et celles de ce fils ne servirent de rien ; après un long séjour de mendiant à Venise et après des pérégrinations à travers l'Europe entière, quêtant pour un voyage à Constantinopletoujours ajourné, le pauvre prince « déjecté » dut finir ses jours dans quelque auberge obscure.

Il faut mentionner enfin un vieux soldat, Etienne, soi-disant fils du prince de Moldavie Etienne Tomcha, qui servit le roi de France dans les Pyrénées, au siège de Jaca, vers 1590.

Mais le temps était venu où, de nouveau, des Français allaient visiter, pour leur intérêt ou pour celui d'une cause supérieure, ces pays du Danube, où l'on parlait de la France comme d'un grand pays très éloigné, mais dont la force avait été jadis respectée à Constantinople, capitale l'empire qui prétendait nous englober[2].

Des voyageurs français, amenés par le hasard ou attirés par la curiosité d'une route nouvelle vers l'Orient, traversaient les Principautés roumaines au moment où les princes mendiants désireux de « revendiquer leur héritage » s'arrêtaient à la cour de France pour y trouver un appui. Certains parmi ces voyageurs nous ont laissé des récits qui nous font bien connaître l'aspect des pays roumains du Danube dans la seconde moitié du XVIe siècle.

Le premier dont nous ayons des notes n'est autre que Bongars, déjà mentionné plus haut.

Il visita la Valachie en 1585, après avoir fait une ample récolte d'inscriptions latines en Transylvanie. Muni de lettres que lui délivrèrent Sigismond Bathory, prince de ce pays, et certains notables saxons, il trouva un compagnon de route dans un des officiers du prince Mihnea, Guillaume Walther, « chambrier et thrésorier ».

Par « Brassovie » ; aujourd'hui Brasov-Kronstadt, ville de frontière, toute pleine de Roumains d'outre-monts qui y fréquentaient aux « marchés » du vendredi et du samedi, l'érudit français arrive au défilé de Bran (Torzburg pour les Allemands, le Torcsvar des Hongrois), où « les coches descendent avec des cordages ». Il atteint le château attribué par le peuple au fondateur fabuleux de la principauté, Negru-Voda, et s'arrête à Targoviste, ancienne capitale du pays ; là, il remarque la résidence bâtie, auprès de l'église de la Cour, par le protégé du roi de France, Pierre Cercel : « chasteau petit, mais beau et magnifique » ; on lui parle aussi des conduites d'eau qu'il a établies et des canons qu'il a fait fondre (un très beau fragment s'en conserve au Musée de Bucarest). Le lendemain, Bucarest lui offrira un abri. Bongars présente ses lettres au prince, âgé d'« environ vingt-cinq ans », et Mihnea lui demande « si le voulions servir, si nous n'avions point de présens » ; la Cour subvient aux dépenses des étrangers, dont les papiers sont examinés par les marchands de Raguse et les Pères Franciscains ; du reste, dans Barthélemy Bertrandy, de Marseille, le voyageur a trouvé un compatriote.

Avec un passeport en slavon et sous la garde d'un « Portar » (portier), il s'en ira trouver à Giurgiu, sur le Danube, les chariots qui portaient à Constantinople le tribut, les « carres dominesques ». C'est dans leur train qu'il fera son chemin vers cette Byzance qui l'attirait par ses souvenirs et ses monuments romains.

Bongars mentionne, outre les richesses naturelles du pays, les paysages de hautes montagnes qu'il a traversés et cette vaste plaine qui entourait les capitales. Il a cru découvrir, au passage, « un peuple barbare et lourd, sujet aux vengeances des grands », qui oc s'enfuytà la veue de deux ou trois personnes ». Outre ce qui avait attiré son attention à Targoviste, il cite quelques belles églises et quelques solides couvents, sans oublier le château princier de Bucarest.

La Moldavie fut visitée presque au même moment par autre Français, qui n'avait cure d'inscriptions romaines, amateur qui voyageait pour son propre plaisir. François de Pavie, seigneur de Fourquevaux, fils d'un ambassadeur en Espagne et lui-même officier du grand-prieur de France, venait des « terres du Turc », ayant traversé la Syrie et l'Egypte. Ce qui le décida de s'en retourner, avec ses compagnons, Bioncourt et Montalais, ainsi qu'avec un Italien de Rimini, par ces contrées, fut seulement « l'envie de voir choses plus lointaines ». Et il ressent un plaisir particulier à les décrire.

Aux embouchures du Danube, il assiste à la pêche de l'esturgeon, tellement abondante qu'on pouvait avoir la pièce pour deux sous de France. De son embarcation, il voit passer sur le rivage les chariots des Tatars nomades de la Bessarabie méridionale, du Boudschac, portant, outre tous les éléments d'un ménage primitif, des « moulins à vent pour faire leur farine ». L'île des Serpents, qu'on dépasse pour aller à Moncastro, la Cetatea-Alba des Moldaves, l'Akkerman des Turcs, principal port du pays avant son occupation par les janissaires de Bajazet II, lui rappelle les récits d'Arrien. Il faut descendre à ce port de Moncastro, but des deux galiotes qui portaient le nouveau gouverneur de la ville. Par les terres du prince de Moldavie, qui était alors Pierre-le-Boiteux, oncle paternel de Mihnea le Valaque, on se rendra en Pologne.

Le vieux port du Dniester, de fondation byzantine et génoise, est largement décrit, avec ses tours, sa « double muraille » et ses fossés, ainsi qu'avec ses grands faubourgs aux maisons de bois. Sur une charrette à bœufs, véhicule classique du pays dès l'époque des Gètes d'Alexandre-le-Grand et des Scythes de Darius, les voyageurs se dirigent vers la frontière qui sépare la province administrée directement par les Turcs de la Moldavie, vassale, mais autonome. Des troupeaux de bœufs, de moutons et de chèvres, de nombreux chevaux paissent l'herbe puissante des prairies dela steppe. On craint des surprises nocturnes de la part des bandits, des « outlaws » de cette steppe, les Cosaques, ramassis d'exilés et de chercheurs d'aventure qui appartenaient à toutes les nations voisines ; les grands feux qu'on allume pourraient les avertir, mais il faut bien se garantir du froid ; cependant on se réveille le matin « percez jusqu'à la chemise des rosées et du serein », et Montalais est « malade à mourir ». Fourquevaux s'en console en chassant les oiseaux des nombreux lacs de ce territoire de Bessarabie, et il prétend même avoir recueilli un rare gibier : des sangliers et des ours. Les lazzi du serviteur italien qui accompagne le voyageur de Rimini sont une distraction moins dangereuse. Des herbes sauvages ayant le goût de l'ail servent à restaurer l'estomac.

Le pays est presque désert : « peu d'hommes, misérables et povres, vestus de quelques peaux de mouton, les pieds enveloppés dans des peaux ou de la mousse et escorse d'arbres, attachée et fagotée au dessus et dessoubs avec une corde » ; ce sont les anciennes sandales rustiques des Daces de la colonneTrajane, qui se conservent encore dans l'usage du peuple. Ils accourent demander aux étrangers du vin pour leurs malades.

Cependant, après des journées de froid et de fatigue, on arrive à Jassy, capitale de cette principauté si riche, dans le Nord même de la Bessarabie et dans tout le large territoire qui s'étend de la rivière du Pruth aux Carpathes ; elle peut valoir un million de thalers par an, dont les Turcs en reçoivent seulement 60.000, plus « cinquante faucons et soixante chevaux ». « Ceste petite court est belle », à l'avis de notre baron, qui se présente recommandé par le favori de Pierre, l'Albanais italianisé Barthélemy Bruti, « et faict assez beau voir la grandeur et la majesté que ce duc tient ». On le voit sur la grande place devant son simple palais de pierre et de bois, sous une « frescade », entouré de ses boïars, de sa garde hongroise, de trois à quatre cents soudoyers, « le cimeterre au costé et la hache à la main ». Comme saint Louis sous le chêne de Vincennes, trois siècles auparavant, le bon chef patriarcal d'un peuple doux et confiant « escoutoit les plainctes indifferammentde tous les venants, lesquels, à cent pas de luy, à genoulx, faizoient à haute voix l'un après l'autre leurs doléances, et il les en renvoyoit avec la sentence quy lui sembloit la plus juste ».

Fourquevaux se fait conduire dans les faubourgs de Jassy, où il rencontre des paysannes roumaines, « blanches et blondes » auprès des Bohémiennes ; celles-ci, esclaves du prince, des couvents, des boïars, avaient emprunté aux premières leur coiffure traditionnelle, la « grande roue faicte de bandes de toile estroites de deux doigts, pliées l'une sur l'autre, à la façon que les marchands roulent leurs rubants ».

En route vers Hotin, sur le Dniester, ville-frontière de la Moldavie, avec un château du XVI8 siècle, dont on voit encore aujourd'hui les splendides ruines, le voyageur rencontre des paysannes, sur leurs petits chariots, « belles extrêmement et sans art, une guirlande de fleurs sur la teste, pour montrer qu'elles sont encore à marier » ; elles vendent du lait, des cailles, « qu'elles appeloient en leur langue perpelissa », des œufs. « Ce peuple », reconnaît Fourquevaux, « autres fois a esté colonie des Romains et en retient encore quelque chose de la langue ».

CHAPITRE IV

Mercenaires, voyageurs et missionnaires au XVIIe siecle.

Si un Moldave, qui fut plus tard, par droit d' « héritage » encore, prince de son pays, Etienne Tomcha, combattit pour Henri IV dans les Pyrénées, il trouva devant lui, pendant son règne, combattant pour la dynastie des Movila qu'il avait remplacée, des aventuriers de France, que l'appât du gain et du plaisir avait amenés dans les contrées décrites par Fourquevaux. Le récit oral de leurs exploits par le gentilhomme lorrain Charles de Joppecourt, fut publié par un autre Français, Baret, à Paris, en 1619 sous le titre : Histoire sommaire des choses plus memorables advenues aux derniers troubles de Modalvie.

Dans une introduction, l'aventurier lorrain présente les « grasses campagnes de la Moldavie, arrousées de belles fontaines et ruisseaux », « les coustaux fort agréables et si abondans en vins que non seulement la Moldavie en est suffisamment fournie, mais encore on en transporte en Podolie et autres pays, dont les troubles présents sont dus à l'avidité des Turcs, aux avares Bachats » et au « dragon insatiable ». Joppecourt prit part, bien entendu, à la plupart des combats entre les deux partis, et il les raconte, en commençant par l'année 1607. Il n'était pas seul : la veuve du prince Jérémie Movila, le protégé des Polonais, avait engagé, pour soutenir les droits de son jeune fils Alexandre, un capitaine de routiers français, Montespin, qui commandait « soixante cavaliers françois, armés de toutes pièces ». Lors de l'entrée solennelle à Jassy du jeune prétendant en 1615, ils figurèrent dans le cortège, marchant aussitôt après les beaux-frères polonais d'Alexandre. Le prince en fit sa garde ; elle l'accompagnait lorsque, peu de temps après, il sortit de la ville pour aller recevoir un convoi de prisonniers, paysans révoltés de Bessarabie, d'Orheiu, qu'amenaient « comme une troupe de moutons » les troupes de Wiszniewiecki, l'un des beaux-frères dont il vient d'être parlé. Les Français passèrent l'hiver à Jassy, où, « nonobstant les guerres et les dégâts faits par les armées, on avoit un bœuf pour quinze sols et un bon mouton pour deux sols ». Lorsqu'Alexandre fut contraint de se retirer à Hotin, la « compagnie française » était dans sa suite ; dans une reconnaissance sur le Pruth, à Stefanesti, ces soldats d'élite furent cependant surpris par les Tatars et, bien qu'ils « avoient accoustumés d'estre tousjours vainqueurs », cinq seuls purent s'échapper. Mais Tomcha se hâta de racheter le capitaine, qu'il fit entrer à son service. C'est pourquoi Joppecourt est en mesure de raconter aussi les actes suivants de ce drame militaire qui finit par la victoire durable de l'influence turque. La suite du récit, contenant les aventures d'une sœur d'Alexandre, femme du Polonais Korecki, devenue prisonnière des Tatars, est un long roman arrangé par Baret ; il y introduit les souffrances d'un esclave français à Constantinople, le capitaine Rigaut, qui parvint à s'échapper vers le même temps.

Tel qu'il est, cet opuscule, bien informé et souvent très précis, est le premier livre qu'un Français ait consacré aux vicissitudes des Roumains[3].

Après le catastrophe de Pierre Cercel, il n'y eut plus d'ambassadeur français disposé à soutenir les prétentions des princes errants. Si même les successeurs de Germigny l'avaient voulu, ils étaient réduits à l'impuissance par leur perpétuel manque d'argent, situation humiliante en face d'une Cour et de dignitaires qui prisaient chacun d'après les présents qu'il était en état d'offrir.

Une occasion leur fut cependant bientôt fournie d'agir utilement. L'Église orthodoxe de Constantinople, complètement déchue, surchargée de dettes, vexée par les Turcs, ne paraissait plus pouvoir maintenir son indépendance confessionnelle. Alors que les représentants des Etats de la Hollande employaient tous leurs efforts à faire entrer le Patriarche œcuménique dans une alliance étroite avec les Réformés, le comte de Césy, ambassadeur de Louis XIII, voulut faire dériver vers le catholicisme les eaux stagnantes de la vieille religion des Grecs. Or, les princes roumains étaient, en fait, comme les chefs laïcs de cette grécité. Il était donc bien naturel que l'ambassadeur s'adressât à Alexandre, prince de Valachie, et à son voisin moldave; il envoya dans leurs provinces des agents chargés d'entrer en relation avec les communautés catholiques, peu importantes d'ailleurs, sauf dans les villages hongrois de Moldavie, et les Voévodesrépondaient par des lettres aimables, en italien du Levant, à leur « amorevolissimo amicho » de Constantinople. Le cardinal Bandinin'employa pas d'autre voie pour faire pénétrer ses agents dans les Principautés danubiennes. Lorsque le missionnaire Paul Bonnicio se présenta à Jassy, en 1631, le prince moldave Moïse Movila s'empressa d'en écrire à Césy ; il lui déclara que « quiconque a besoin de son aide et de son appui ne peut se servir d'un meilleur intermédiaire » que l'ambassadeur. Il fut même question d'établir comme évêque du diocèse moldave de Bacau un des protégés de la Maison de France Della Fratta. Gournay, successeur de Césy, continua ces bons offices des missionnaires ; on a encore les lettres qui furent échangées entre ce diplomate et les princes roumains, ses contemporains ; il eut même des relations utiles parmi les boïars. Cela dura jusque vers 1640; le plus important des dominateurs de la Valachie à cette époque, Mathieu Basarab, qui régna presqu'un quart de siècle (1632-1654) et mourut à l'âge d'un patriarche, assurait Gournay, en 1635, qu'il accueillerait avec bienveillance tous les prélats catholiques pour lesquels on aurait recours à sa protection. Il priait en même temps le représentant d'un roi, dont le prestige grandissait en Orient, de s'employer en sa faveur auprès du Caïmacam, lieutenant du Grand-Vizir, ce qui serait une « œuvre agréable à Dieu » lui-même. Mais, alors que les princes roumains gagnaient, maintenaient et recouvraient leurs principautés vassales par l'appui des ministres de l'Empereur, de la Hollande et de Venise, comment une intervention française eût-elle pu amener un changement de règne sur le Danube ou empêcher une de ces intrigues grecques qui ne se lassaient jamais de manœuvrer autour des puissants de la Porte ? Les prélats envoyés par les ambassadeurs du roi étaient pour la plupart des Franciscains italiens dépendant de la « Propagande » à Rome ; ils dominaient l'Église latine en Valachie; ils la représentaient en Moldavie aussi, bien que, dans ce pays, le chef de l'organisation fût un Polonais, qui, du reste, n'y résidait pas, confiant ses pouvoirs à un vicaire, Italien comme ses prêtres. Cependant en 1659, au temps où s'opérait un grand mouvement de transformation politique en Pologne, les nouvelles des pays du Danube, intéressés dans ce conflit menaçant pour le royaume polonais, étaient transmises par l'agent français Vignacourt.

Vers le milieu du XVIIe siècle, des marchands français traversaient de temps en temps les Principautés, où ils n'avaient aucune place permanente dans la vie, absolument libre et même favorisée par l'État, des communautés catholiques. Un certain Gaspard Caillé habitait Jassy vers 1660 ; il est fait mention de la maison qu'il s'y était achetée ; son métier était celui d'horloger, et nous avons trouvé sa signature sur le revers d'un acte de propriété rédigé en roumain.

Un Jésuite français visita en 1685 la Cour de Moldavie. Il s'appelait Philippe Avril ; il était accompagné d'un confrère, Beauvoillier et venait de Moscovie, où les Pères avaient mené pendant de longues années une œuvre de propagande qui parut menacer à un certain moment l'orthodoxie traditionnelle. Trente Roumains à cheval, fournis par le Grand-Général de Pologne, escortèrent les missionnairesà travers le territoire occupé en Moldavie par les soldats du roi Jean Sobieski, le <(croisé » de Vienne, victorieux des Turcs. Par Campulung, le « Campus Longus » des Romains, dont les Autrichiens, après le rapt de la Bucovine en 1775, ont fait l'affreux vocable de « Kimpolung », et à travers la grande forêt de hêtres qui donna son nom à la province « acquise » par la pieuse Impératrice Marie-Thérèse, on arriva dans les riches vallées du pays. Le Jésuite en parle comme d' «une des plus belles et des plus agréables provinces de l'Europe », malgré les continuelles incursions dévastatrices des partis polonais et des hordes tatares, qui contraignaient les pauvres paysans « de se faire des loges sous terre ». Avec une nouvelle escorte, tout aussi dévouée, les deux religieux se rendirent à Jassy, où les attendaient un secrétaire du prince Constantin Cantemir, père du célèbre historien de l'Empire ottoman et, comme interprète, un des fils de l'historien du pays, Miron Costin. Dans un « carrosse escorté de cinquante soldats » et parmi une haie de soldats armés, ils se rendirent en la présence du « Hospodar ». Se levant sur son trône, le vieux guerrier fit aux étrangers cette harangue : « Mes chers pères, puisque le Roy à qui vous avez l'honneur d'appartenir et sous les auspices duquel vous allez prêcher l'Evangile jusqu'aux extrémités du monde est un monarque si accompli qu'il fait lui seul l'admiration de toute la terre, je vous demande par grâce votre amitié pour me donner la consolation de compter désormais parmi mes autres amis deux sujets, et deux mathématiciens, du plus grand monarque de l'Univers ».

Mais pour comprendre le sens de ces paroles il faut exposer la politique de Louis XIV clans les pays du Danube.

Le premier prince roumain qui eut des relations politiques avec le roi dont le prestige répandu sur l'Europe entière avait atteint l'âme simple du vieux soldat Cantemir, fut Georges-Etienne. Chassé de son pays, la Moldavie, par les Turcs qui voulaient le punir d'avoir soutenu de ses armes les projets du prince transylvain Georges Rakoczi sur la Pologne, ce pauvre exilé, qui ne devait jamais plus revoir son pays, crut pouvoir se tourner vers le lointain roi de France[4].

Dans une lettre datée de Stettin, capitale, à ce moment, de la Poméranie suédoise, où il avait trouvé un abri, il s'adressait, le 1er janvier 1665, à Louis XIV pour lui recommander son émissaire, Alexandre Jules Torquatusdes Frangepani, colonel, et demander son appui auprès du Sultan. La Cour s'intéressa au sort de ce prince chrétien d'Orient ; mais elle sut bientôt, par l'ambassadeur de France, qu'il s'agissait d'une « entreprise difficile ». Néanmoins le 28 juillet 1667, le roi parlait encore en faveur du « prince George Estienne de Moldavie », qu'il appelait son « cousin » ; il invitait l'ambassadeur à ce passer à l'advantage dudict prince tous les offices nécessaires à cette fin », et assurait qu'il avait écouté avec bienveillance l'exposé fait par un nouvel envoyé du fuyard de Stettin, « le baron spatarius, cy-devant vostre general ». C'était Nicolas Milescu, homme d'une grande érudition, qui fut ensuite consulté sur les dogmes de l'Eglise orientale par les représentants de la France à Stockholm que préoccupait le problème janséniste ; le roi lui faisait écrire : « J'ai beaucoup d'estime et d'affection pour votre personne. Je souhaite-rois bien d'estre en estat de mesme pouvoir soulager dans vos malheurs, que je prie Dieu de faire bientôt cesser, et de vous prendre, Monsieur mon cousin, en sa sainte et digne garde. » De son côté, le ministre, Lyonne, ajoutait aux lettres royales sa propre missive pour remercier l'exilé de « la lettre dont Elle a cru agréable de me favoriser » et lui rendre « ses très humbles actions de grâces ». Georges-Etienne devait cependant mourir sur la terre étrangère, ayant pour seule consolation les Psaumes ainsi que la Bible entière traduits en roumain, par le même Milescu. Un de ses successeurs, le riche et entreprenant Rouméliote Duca, eut des relations suivies avec l'ambassadeur de France à Constantinople, qui intervint pour lui faire obtenir le trône de Jassy. « Il m'a quelque obligation », prétendait au moins ce dernier, de La Haye, en 1668. Un contemporain de Duca, Grégoire Ghica, tour à tour prince de Moldavie et de Valachie, et qui venait de subir le même sort que Georges-Etienne, sort qu'il sut cependant corriger par une habileté versatile peu ordinaire, s'offrait à quitter le service de l'Empereur pour « vivre et mourir à celui de cette couronne », s'offrant à engager pour le compte du roi 2.000 soldats d'infanterie albanaise et 2.000 Croates, dont il garantissait l'expérience. Mais l'ambassade française de Constantinople, qui était naturellement consultée sur ces propositions, n'ignorait pas l'insignifiance politique de ces princes, surtout par rapport aux intérêts réels de la France. Le marquis de Nointel disait d'eux : a ils sont des esclaves et non pas des souverains ; ce sont des Grecs eslevés par argent, qui, au bout d'une année ou peu plus, tombent de leur trône dans une prison où ils rendent gorge, et au-delà, de ce qu'ils ont volé » (1676). Cependant les ministres du roi en Turquie continuaient, non sans quelque intérêt personnel, à entretenir des relations avec cette engeance grecque ou grécisée, qui donnait des successeurs, à Jassy et à Bucarest, aux princes héroïques du

XVe et du XVIe siècle : ainsi le titre de drogman de l'ambassade fut accordé à cette même époque au fils du prince moldave Antoine Rosetti, d'origine levantine, mais orthodoxe, qui ignorait d'ailleurs les langues étrangères et qui, « cherchant avec un Turc la pierre philosophale », fut poursuivi par la police impériale.

Ces incidents personnels concernant des exilés, des aventuriers et des ambitieux ne tardèrent pas à faire place à une politique suivie de la France envers les Principautés. Après la délivrance de Vienne attaquée par le Grand-Vizir en 1683, la chrétienté occidentale, moins la France, parut devoir s'unir pour briser la puissance dégénérée de cet Empire vieilli des Ottomans. Moscou même, gardienne de la plus stricte orthodoxie, consentait à combattre, tout en poursuivant d'ailleurs ses propres buts politiques, à côté des nouveaux croisés de Jean Sobieski, qui était, aux yeux des Russes, un ennemi naturel de l'Empereur Léopold et de Venise réveillée de sa longue torpeur. Pour Louis XIV, au contraire, uniquement préoccupé de détruire la situation impériale des Habsbourg et leur domination sur le Rhin, le devoir de croisade, que chacun interprétait d'après ses droits et ses convoitises, n'existait pas. Il s'occupait peu de cette Transylvanie que l'Empereur occupa de fait et conserva à la paix de Carlowitz en 1699 ; tout aussi peu des deux Principautés que ses soldats traversèrent sans avoir conclu un accord avec le prudent prince de Valachie Serban Cantacuzène et avec son successeur Constantin Brâncoveanu. Les Hongrois calvinistes s'étant soulevés contre le patron des Jésuites sous EméricTœkœli, la France fit du révolté, qui s'intitulait roi de Hongrie, son protégé permanent. On voulut lui donner en 1689 le riche fief de la Valachie, en dépossédant Brâncoveanu. Après deux ans d'efforts, les Turcs, gagnés par l'or du prince légitime, refusèrent nettement et définitivement d'installer à Bucarest l'aventurier magyar. Celui-ci obtint cependant des Turcs une grande expédition, qui fit de Tœkœli, pour quelques jours, le prince de Transylvanie. Brâncoveanu avait dû collaborer à la campagne contre les Impériaux, et son « allié » l'en dédommagea en pillant cette Valachie dont il avait même l'air de ne plus vouloir sortir. On disait encore du côté des Français, au mois de mai 1690 : « Si le dessein de la Transylvanie devenoit impossible, je pourrois offrir les memes sommes pour establir le comte Tekely dans la Moldavie et la Valachie » ; il s'agissait donc de reformer l'ancienne Dacie au profit de cet étranger ! Pour détruire le prince valaque, on recourait à tous les moyens : on encourageait les boïars mécontents à se plaindre à Constantinople ; on nourrissait les ambitions et les ressentiments du jeune Constantin, fils de cet ancien protégé qui avait été Duca. Lorsque Brâncoveanu, pressé par les circonstances, était contraint de faire quelque geste d'amitié envers la Cour de Vienne dont la suzeraineté, impérieuse et avide, lui était odieuse, on le dénonçait aussitôt comme ennemi du Sultan.

Tœkœli était décidément impossible comme « prince roumain ». Mais le territoire danubien intéressa bientôt la

France à un autre point de vue. Tœkœli n'était pas seul, après la défaite définitive des Turcs, à convoiter la domination en Moldavie et en Valachie. Les rois de Pologne, Jean Sobieski, puis son successeur, Auguste de Saxe, parlaient des anciens droits du royaume sur ces contrées qu'ils affectaient de considérer comme de simples Palatinats, soumis jadis à l'autorité de leurs devanciers. Pour attirer dans son parti la Pologne, pour empêcher en même temps l'Empereur d'arriver à ses fins, la diplomatie française demanda aux Turcs, pendant environ dix ans, de consentir au démembrement de la Moldavie. Le Vizir s'y refusa absolument en 1693, bien que les Polonais eussent déjà occupé, dès 1691, la Bucovine actuelle et une large partie du territoire entre le Séreth et les Carpathes. Sans abandonner le projet d'établir Tœkœli, fût-ce même en Moldavie (1694), on persista dans cette direction. Le roi proposait, le 21 avril de cette même année, qu'on cédât a Czernovitz et Hotin, avec le pays entre le Pruth et le Dniester, de Sniatyn jusqu'à l'endroit où le Pruth se rapproche le plus du Dniester ». Il fallut bien en rabattre, et la paix de 1699 laissa la Moldavie entière ; on restitua seulement aux Polonais, en dédommagement des efforts où ils avaient prodigué les derniers restes de leur énergie nationale, la forteresse de Kamieniec, sur le Dniester.

Il n'avait pas été donné à Louis XIV de livrerà un étranger ou de démembrer ces Principautés que Napoléon III devait, deux cents ans plus tard, réunir en les agrandissant[5].

CHAPITRE V

PRINCES PHANARIOTES ET AMIS FRANÇAIS DANS LA
PREMIÈRE MOITIE DU XVIIIE SIÈCLE

Au commencement du XVIIIe siècle, l'influence littéraire et sociale de la France ne s'était pas encore étendue sur l'Europe entière ; elle n'avait pas pénétré dans cette classe des boïars des deux Principautés, qui, sous l'impulsion des idées de la Renaissance, venues de Pologne surtout, avait déjà développé une civilisation nationale d'une incontestable originalité et d'un intérêt spécial par le mélange particulier des éléments occidentaux avec ceux qui appartenaient à l'ancienne tradition byzantine. Considérons le cas de Démétrius Cantemir, qui eut deux règnes de brève durée en Moldavie (1693 et 1710-1711) : l'historien de l'Empire ottoman, le codificateur de la musique turque, l'auteur d'une *Description de la Moldavie*, demandée par l'Académie de Berlin, dont il était membre, le futur organisateur d'une nouvelle Académie à Saint-Pétersbourg, avait fréquenté, pendant un long séjour, comme otage de son père à Constantinople, le Palais de France ; il était personnellement lié avec les ambassadeurs, qui appréciaient son grand savoir d'orientaliste. Un Musée français conserve le portrait de ce personnage, encore très jeune : il porte la perruque aux longues boucles, la cravate en dentelles et l'épée du gentilhomme français de l'époque de Louis XIV ; mais, en même temps, le turban et les détails de vêtement de ses maîtres turcs. Voilà bien l'image des deux influences qui se croisaient dans son esprit aussi bien que dans la vie même de sa patrie ; mais on ne retrouve dans ses nombreux ouvrages, portant des empreintes diverses, rien qui rappelle la civilisation française.

Les relations entre les Principautés du Danube et la France se bornent, pendant la première moitié du XVIIIe siècle, à celles qui existèrent entre les princes, qui étaient des Grecs du Phanar à Constantinople, anciens drogmans de la Porte, et ceux des Français que le hasard de leur carrière exila en Orient. Un aventurier tel que le comte de Bonneval, qui devait être plus tard pacha et même grand-vizir, demande en 1729 qu'on amène les Turcs à lui confier le tribut des deux Principautés, avec quoi il se charge de réaliser des « miracles » sur le Danube ; il s'offre à organiser un corps de deux à quatre mille mercenaires sous son propre commandement, avec le titre de séraskiër ; il ajoute que de pareilles attaches en Orient empêcheront la France de rester isolée au moment où les princes allemands, qui accaparaient peu à peu les trônes en Europe, se saisiraient aussi de l'héritage de Pierre-le-Grand. — Peu après, le réfugié hongrois Disloway sollicite de la France une principauté, un « royaume » sur le Danube, dans les limites d'un vaste territoire non habité et parfaitement colonisable qui s'étendrait entre la Hongrie et les pays roumains (« sur les confins de la Hongrie et de la Transylvanie et dépendant de la Valaquie »). Un autre aventurier, Radu ou Rodolphe Cantacuzène, fils du prince Etienne de Valachie, qui avait été exécuté par les Turcs en 1716, s'adresse au roi en 1749; il proteste qu'il « ne dépend d'aucune Cour » ; cet individu, dont la fantaisie avait une forte couleur de charlatanisme, qui se targuait d'être chef de l'Ordre constantinien et « marquis » de toutes les terres qui avaient appartenu à sa famille, sans compter d'autres sur lesquelles cette famille n'avait jamais eu le moindre droit, espérait réaliser de cette façon des ambitions qui, à un moment donné, s'étendirent aussi sur la Serbie et qui, après l'avoir conduit à visiter en solliciteur différents milieux politiques de l'Occident, devaient lui faire perdre la vie ou au moins la liberté.

Nicolas Maurocordato, le premier des Phanariotes, était connu à l'ambassade de France pour « l'inclination qu'il a toujours témoignée pour les François ». De même que son père Alexandre, qui avait reçu jusqu'à sa mort une pension, il fut sans doute favorisé par le réprésentant du roi et conserva des relations avec Fonseca, médecin juif espagnol qui fut pendant dix-sept ans aux gages de la Maison de France ; aussi le considérait-on comme un client politique assuré. Il accueillit tour à tour dans sa principauté le sieur de Fréville, qui accompagnait Charles XII réfugié à Bender, l'ambassadeur Désalleurs, qui traversa la Moldavie par un hiver affreux et qui, arrivé enfin à Jassy, comme dans un port de salut, joignit des présents à ses compliments, sans compter nombre d'autres agents et simples voyageurs. Pris par les Impériaux en 1716, dans sa résidence même de Bucarest, Maurocordato revint sur le trône après la conclusion du traité de Passarowitz, et Bonnac, sucesseur de Désalleurs, assurait, en 1719, que, « pendant sa prison chez les Allemands, il a contracté une haine personnelle contre eux », ajoutant : « le prince l'a fait assurer qu'il n'oublieroit rien pour fortifier les bons sentiments où est la Porte pour la France ». Son fils Constantin était considéré comme l'héritier de ces sentiments. Il s'adressait en 1740 au cardinal de Fleury pour le féliciter d'avoir procuré à la Porte « parmi les applaudissements dont tout l'Univers retentit », une paix honorable, celle de Belgrade, digne de « son génie» (1739). En échange, on lui parlait, non seulement de l'appui qui lui avait été accordé par la France pour gagner une situation princière, mais aussi de ses prédécesseurs et parents, de « leur amour pour les lettres et la protection qu'ils ont toujours accordée dans leurs Etats à notre nation ». On lui faisait parvenir, de la part du roi, un exemplaire des Conciles de Hardouin pour sa bibliothèque ; de Paris, en 1741, des caisses de livres français arrivaient à son adresse. L'abbé Desfontaines lui adressait une dédicace ; telle publication parisienne faisait l'éloge de son œuvre législative ; un certain Fournier s'offrait à lui comme « correspondant de littérature ». Même dans ses malheurs, qui l'obligeaient à vendre une splendide bibliothèque, unique en Orient et dans laquelle les ouvrages français ne manquaient pas, il maintenait dignement la tradition littéraire de son père, dont témoigne aussi la correspondance de celui-ci avec Le Quien, l'auteur de l'Oriens christianus.

L'appui des ambassadeurs de France à Constantinople était sollicité depuis quelque temps par un rival de Maurocordato, le prince Constantin Racovitza, d'ancienne souche roumaine, mais « phanariotisé » par toute son éducation. On a conservé leur correspondance. Racovitza envoie des tonneaux de vin de Moldavie, des pommes, des lévriers, des chevaux isabelle, et reçoit en échange des cadeaux en étoffes de luxe ; il propose de placer des capitaux dans les entreprises des Français en Orient, pour les arracher à la cupidité turque ; il forme même le projet d'un « établissement » français en Moldavie, que devait fonder et servir son conseiller occidental, un Marseillais, Jean-Baptiste Linchoult ; ce dernier, fiancé à une dame Sturza, fut un précieux et fidèle auxiliaire pour son maître, qu'il aida dans l'adversité jusqu'à se compromettre gravement aux yeux des Turcs et, malgré l'intervention pressante de l'ambassade, il finit par la main du bourreau.

Racovitza était prisé comme un «prince au cœur vrayment françois », dans lequel la «foi grecque » n'entrait que pour bien peu.

On crut tout d'abord que Grégoire Ghica, cousin du vieux Maurocordato, et ses fils, Scarlat et Mathieu, avaient les mêmes sentiments ; pendant que Grégoire était encore drogman, on faisait l'éloge de son « zèle » et de sa « bonne volonté » ; on le considérait comme « un homme qui mérite attention et qui est entièrement dans les intérêts de la France » ; une pension de mille écus par an aidait à ce « grand attachement ». Comme prince, il se servit de la famille des Mille, Jean et Mathieu-Georges, tous « bons François » ; le premier, devenu à la mode grecque un Yanakaki, se mêla à la boïarie roumaine et se perdit dans ses rangs. Mais plus tard cette famille des Ghica fut considérée comme inféodée aux intérêts allemands.

Ces détails méritent d'être soigneusement relevés ; cependant, en fait d'intérêts réels, de points d'attache constants avec le pays lui-même, on était encore à les chercher. Tel solliciteur proposait en 1748 l'établissement d'un consul ; mais le Ministère préférait quelque « François intrigant, lequel, sous prétexte de commerce, pourroit rendre les services nécessaires », — ainsi que le fit plus tard Linchoult. En matière de religion, les Italiens avaient pris la place, et ils se bornaient à demander une vague protection de la France, l'idée d'établir des Jésuites polonais n'ayant pas laissé de traces dans les pays roumains. Si l'on trouve à Jassy vers 1750 un père Laydet, les rapports même des agents français nous font savoir qu'il ne s'agissait que d'un « fils de François, mais Allemand naturalisé et d'inclination, intrigant, dévoué à la Saxe et au comte de Bruhl particulièrement ». C'est par la voie des influences littéraires que la France allait gagner une situation durable sur le Danube roumain[6].

CHAPITRE VI

Précepteurs et secrétaires français en Moldavie et en Valachie au XVIIIe siecle. Premiers écrivains français traitant des Principautés.

L'usage d'employer des secrétaires français pour toutes les relations avec l'étranger devint général à la Cour des princes phanoriotes de la seconde moitié du XVIIIe siècle. L'italien avait cessé d'être la langue usuelle de correspondance « franque » pour l'Orient, et les Levantins eux-mêmes, Génois plus qu'à demi grécisés, durent se soumettre à la nécessité, nouvelle, d'apprendre le français, s'ils voulaient jouer un rôle ou occuper une place dans la diplomatie ottomane. Mais, jusqu'à ce que tout le monde fût en état de tourner une lettre convenable avec une orthographe quelconque, du temps dut se passer, et ce fut celui des secrétaires venus de France, nobles sans occupation ou bourgeois en quête d'aventures orientales. Puis, lorsqu'il fallut former une nouvelle génération capable de correspondre dans la langue internationale de l'Europe entière, le précepteur des fils de prince commença, à Jassy et à Bucarest, son œuvre.

Au temps des Linchoult, des Mille, des La Roche, chargés spécialement des affaires de Pologne, il n'y avait que les « directeurs de la correspondance étrangère ». Il en fut autrement après la longue guerre russo-turque ; la paix de Koutschuk-Kaïnardschi en 1774 inaugura un régime de nouvelles garanties pour l'autonomie traditionnelle des deux Principautés. Alexandre Ypsilanti, premier prince de Valachie après le rétablissement de ces trônes en sous-ordre, employa jusqu'à un cuisinier français, nommé Maynard ou Mesnard ; mais le soin d'élever ses enfants fut confié à un Ragusain, de langue italienne, Raicevich, qui fut ensuite agent de l'Autriche dans les Principautés. Ce futur auteur des intéressantes Observations sur la Valachie, traduites plus tard en français par Lejeune, lisait probablement des livres dans cette langue ; et le français n'était pas inconnu du poète roumain contemporain, Jean Vacarescu, bien qu'en fait de littérature occidentale il fût plutôt un italianisant. Auprès du prince Constantin Mourousi, qui obtint la Moldavie en 1777, on rencontre deux abbés : Marchand et Pierre Chabert, dont la famille s'établit dans la Principauté. Des Italiens, originaires de Rome, comme Nagni, se faisaient appeler Nagny au moment où ils remplissaient les fonctions de secrétaires auprès de ces petits despotes aux allures solennelles, copiées sur celles de leur « empereur » byzantin. Il fut aussi question d'un médecin français , « homme profond dans son art », à la Cour du prince de Valachie Nicolas Caradscha (Karatzas), et le rôle de précepteur des enfants princiers fut sollicité par Albert, homme de « bonne plume ».

Sans doute, les propagateurs de la civilisation sociale et des modes littéraires qui envahissaient rapidement l'Europe entière n'étaient pas tous de souche française. Des Italiens, des Ragusains, certains Allemands même en étaient aussi les facteurs, intéressés sinon enthousiastes. Cependant le maître de langue française était le seul précepteur que l'Orient chrétien voulût engager et entretenir. Les journaux qu'on lisait à Jassy et à Bucarest n'étaient pas toujours des journaux de France, où l'ancien régime surveillait de près les publications politiques; mais c'étaient des journaux français qui, de Leyde, de La Haye, d'Amsterdam, de Londres, parvenaient en Orient dès le milieu du XVIIIe siècle, à la demande même des princes, qui étaient obligés de renseigner la Porte sur ce qui se passait en Occident. Une maison «grecque » de Vienne, celle des frères Markidès Poullio, qui étaient en réalité des Roumains de Macédoine nommés Puliu-Puiu, fournissait aux boïars toute une bibliothèque d'ouvrages français remarquables par autre chose encore par leur frivolité et par leur description appétissante des mauvaises mœurs. Il y en avait de bons en effet dans la bibliothèque du prince Constantin Maurocordato, dont on possède le catalogue. Les Aventures du chevalier de Faublas étaient lues par des jeunes filles roumaines. Celles-ci étaient encore habillées à l'orientale, bien que les officiers russes et autrichiens amenés dans le pays par les fréquentes occupations militaires leur eussent enseigné les danses de l'Europe et les manières des salons français, plus ou moins fidèlement rendues par ces rudes initiateurs, et que des maisons de Transylvanie ou de Vienne eussent commencé à expédier des étoffes et même des robes d'une nouvelle façon. D'anciennes bihliothèquesroumaines, comme celle de Jean Paladi, à Jassy, en 1792, contenaient Suétone auprès d'Erasme, des volumes de Racine — splendide édition de Berlin — et de Bossuet. Voltaire était lu avec avidité et préparait des «libres-penseurs» sur le Danube roumain. Les romans de Florian ravissaient les âmes sensibles et préparaient l'éclosion de leurs rêves. On s'initiait à la connaissance de l'histoire ancienne par les pages, d'une sévérité raide et compassée, du vieux Rollin. Enfin ce n'est pas sans étonnement qu'on voit un évêque de l'Eglise orthodoxe, le grand Cé~ saire de Râmnic, qui parlait le grec et l'italien, demander, sans craindre aucun dommage pour son âme, l'Encyclopédie.

Déjà les Français commençaient à s'installer. On verra par la suite s'ils comprirent tout ce que cette imitation naïve et passionnée de leur civilisation recélait de promesses pour l'avenir.

Parmi les précepteurs français qui firent l'éducation des fils de prince, il y en eut un qui, pour se venger de ceux qui n'avaient pas reconnu et récompensé ses services, voulut mettre par écrit l'expérience acquise pendant un long séjour parmi les Roumains ; il avait résidé en Moldavie, à la Cour du bon prince, laborieux et modeste, qui fut Grégoire-Alexandre Ghica (1774-1777). Cet homme, qui devait figurer plus tard parmi les meneurs et les pamphlétaires de la Révolution pour finir sur l'échafaud une vie de mécontent et d'agité, est Carra. Son Histoire de la Moldavie et de la Valachie parut à Jassy en 1777.

L'auteur se pique d'être un érudit en ce qui concerne l'histoire et l'ethnographie de ces régions dont il ne connaissait, en fait, que la capitale moldave, Jassy, et les grands chemins qui y menaient. Il parle donc des Daces et des Romains ; il affirme que, si les pauvres Valaques ont du sang romain dans leurs veines, ils le doivent seulement à de misérables Italiens, qui, semblables aux forçats des Antilles et de Cayenne, avaient été exilés pour leurs méfaits ; ils laissèrent pour héritage à leurs descendants le « vice » et la « lâcheté ». Des renseignements géographiques lui avaient été fournis par la Description de la Moldavie de Démétrius Cantemir, auquel il emprunte des erreurs qui sont encore accentuées par l'ignorance du compilateur ; c'est là aussi qu'il a puisé d'intéressants détails sur le cérémonial suivi lors de l'installation des princes. Pour le passé moldave, il a connu, dans un manuscrit malheureusement incomplet, les chroniques du pays dans la forme qui leur fut donnée, à la fin du XVIIe siècle par le logothète Miron Costin [7] ; il a recueilli aussi certains anecdotes qui circulaient sur le règne des derniers princes. Le peu qu'il sait sur le passé de la Valachie est dû, paraît-il, à un ouvrage de statistique rédigé, à cette même époque, pour la Cour de Russie, par Baur, un des généraux de l'Impératrice. La chronologie n'est pas traitée plus sérieusement. La biographie de Démétrius Cantemir est, par contre, démesurément développée ; c'est un des cas où l'on peut constater dans son ouvrage un manque absolu de proportion. On se ferait une bizarre idée de l'histoire des Roumains en prenant pour guide ce pamphlet. Les considérations de Carra sur « l'état actuel » des Principautés sont d'une utilité plus réelle. L'auteur trouve des ressemblances entre la nature roumaine et celle de la Bourgogne et de la Champagne ; mais une profonde mélancolie lui paraît se dégager des forêts et des lacs qui occupent la plus grande partie de ces beaux paysages. Cependant on voit partout des vergers, des pelouses semées de fleurs pendant les chaleurs de l'été oriental. « La distribution des plaines, des collines et des montagnes » lui paraît unique en Europe. « L'aspect », dit-il, « est moins imposant qu'en Suisse, mais plus riant, plus doux. La floraison dans les grands bois solitaires est d'une incomparable richesse ». Le nombre des habitants s'élève, dit-il, tout au plus à 500.000 âmes. Les villes et bourgs, sans murs, ne souffrent pas de comparaison avec « les plus misérables villages de France ou d'Allemagne » ; les villages eux-mêmes ne sont qu'un amas de chaumières. Les boïars seuls habitent dans des maisons en pierres, alors que les autres se contentent de légères bâtisses en clayonnage. L'ameublement se réduit au divan qui fait le tour de la chambre ; les chaises sont une innovation récente. Sur des tables de bois on sert des repas dont les mets sont cuits dans le beurre ou la graisse de mouton, selon la recette empruntée aux Turcs. Carra regrette les bons rôtis auxquels il avait été habitué. Les longues siestes, la pipe orientale à la bouche, ne l'en consolent pas. Les distractions sont rares et d'une simplicité naïve. Cet historien revêche ne trouve pas à son goût la danse nationale, la « hora » (du « choros » grec), dont il fait une description presque burlesque, sans remarquer qu'il s'agit, en fait, d'une ancienne tradition hellénique et sans se rappeler la farandole du Midi français, qui a la même origine. Le costume oriental des danseurs n'était pas si ridicule, et le Levant tout entier le conservait depuis des siècles, sans remarquer ce ce mauvais goût » dont le précepteur des enfants princiers est scandalisé. Si tel jeune boïar a été sévèrement puni pour avoir exhibé un costume plus riche que celui du prince, c'est que Grégoire Ghica venait de publier des ordonnances somptuaires auxquelles il entendait soumettre tous ses sujets, pour combattre en eux le penchant au luxe dans les vêtements. Quant à cette pauvre musique tzigane qui le fait rire, elle a de lointaines origines très respectables; le XVIIIe siècle était cependant bien loin de prévoir la profonde influence qu'elle devait exercer sur l'âme contemporaine.

Carra ne connaît le paysan que pour l'avoir aperçu dans la foule avec son aspect hirsute d'ancien Dace; il ne comprend pas sa belle langue latine sonore, qu'il présente comme un patois barbare et corrompue sans « énergie » et sans « goût » ; il ne devine pas ce que ce paysan conserve, en fait de réminiscences, de coutumes et d'aptitudes artistiques dans les formes simples auxquelles il a été réduit par une vie si dure. Il l'accuse de paresse, oubliant alors le fait, qu'il a cependant mentionné, que ce paysan a été pendant de longs siècle opprimé, non seulement par des étrangers, mais encore par ses maîtres indigènes. Pourquoi ferait-il effort, puisque ces maîtres l'empêchent d'acquérir une fortune personnelle et lui imposent un travail non rémunérateur? C'est, dit-il, un effet du despotisme oriental. Explication banale où n'apparaît pas la vraie cause, à savoir le système fiscal écrasant, imposé aux Principautés par les besoins financiers d'un Empire parasite, qui ne se nourrit plus de la guerre, et d'une société corrompue. Carra énumère les produits du pays: grains, vins, bétail, brebis, chevaux, miel, cire, peaux, sel, bois, salpêtre, tabac ; mais il ne voit pas que l'existence de débouchés et la liberté du commerce en accroîtraient certainement le rendement. Le nombre restreint des artisans, étrangers et indigènes, s'explique aussi facilement : c'est que le paysan, habile à fabriquer tout ce dont il a besoin, est un mauvais acheteur[8] ; quant aux objets de luxe, les boiars se fournissaient à l'étranger. Les critiques les plus acerbes concernent les institutions. Carra, l'encyclopédiste, le philosophe, qui rêve de liberté et qui croit remédier à tout par des lois meilleures, ne peut rien comprendre à un gouvernement de tradition et de coutumes, ayant à sa tête un prince de caractère patriarcal, qui pouvait être excellent si la pression de l'étranger ne s'exerçait pas trop forte — comme elle le faisait habituellement — sur son trésor. On croirait vraiment que les vertus de la Rome antique revivaient en France sous le règne de Louis XV, avec Mme de Pompadour comme Egérie et d'incorruptibles serviteurs..., en lisant les pages nombreuses dans lesquelles Carra prétend décrire le monde roumain : juges vénaux, qu'aucun Beaumarchais ne venait mettre au pilori de l'opinion publique ; boïars qui trafiquent de leur influence, bien différents sans doute des intègres seigneurs de la Cour de Versailles ; fonctionnaires des districts, qui ne sont pas payés et refont leur fortune en pressurant leurs administrés, comme si l'on était dans cet Occident où les fonctions publiques s'achetaient à beaux deniers comptants ; femmes de la noblesse incapables de lire et d'écrire — des documents fournissent la preuve du contraire ; elles lisaient même des romans français, — comme si elles avaient su que Marie-Antoinette, reine de France et fille de l'Impératrice Marie Thérèse, avait dû apprendre un brin d'orthographe après son mariage avec Louis XVI ; en même temps, par une contradiction au moins singulière, ce même Carra nous apprend que les boïars, leurs pères et maris, avides de lectures françaises, dévoraient Voltaire.

De pareils pays ne peuvent rien attendre que d'une domination étrangère. Ce bon Carra la souhaite chaleureusement. Quant à la race roumaine, elle serait remplacée peu à peu, à force d'être exploitée, par les colons de l'Empereur ou du roi de Prusse. Comme il recommande la culture du riz, de la canne à sucre, les indigènes seraient tout naturellement réduits à la condition d'esclaves. Les marchands bavarois, autrichiens, hongrois, en auraient bientôt fini avec les derniers représentants d'une classe moyenne dénuée d'initiative et incapable de progrès.

Tel est l'état de ces pauvres pays danubiens décrit par Carra ; tel est l'horoscope qu'il a tiré pour l'avenir. Ce n'est pas seulement parce qu'il se targue de libéralisme révolutionnaire, mais parce qu'il en veut au prince Grégoire Ghica, ce Phanariote, d'éducation plutôt roumaine, qui employa son règne moldave à tenter des réformes dans le sens de la philosophie occidentale, ce patriote qui fut une victime de la politique autrichienne pour avoir essayé d'empêcher le rapt de la Bucovine. Carra n'épargne aucune accusation à son ancien maître: d'après lui, Ghica est une créature du roi de Prusse, qui avait recommandé en effet sa nomination ; il a levé une triple contribution sur le pays ; il se laisse corrompre et passe en souriant sur des faits de corruption avérée ; c'est un avare mesquin, qui cache son argenterie et son linge de table et pose devant ses hôtes des verres ébréchés et des serviettes sales ; il est incapable de donner des lois, de protéger des artistes comme son voisin de Valachie, Alexandre Ypsilanti ; s'il se vante d'avoir fondé un gymnase où il avait appelé les meilleurs des didascales grecs, il n'y emploie comme professeurs que « deux ou trois moines ignorants ». Mais peut-être, pour être capable d'apprécier avec impartialité les mérites de ceux qu'on a servis, faut-il commencer par ne pas être ingrat envers eux.

En regard de l'assez triste sire que fut le famélique Carra, on a plaisir à poser un noble français, destiné à une grande carrière dans sa patrie et qui, à la suite de son séjour comme secrétaire princier en Moldavie, devait laisser un ouvrage remarquable par la profonde intelligence du sujet, par la hauteur des idées et par la noble conception de l'ensemble, une des meilleures descriptions des Principautés roumaines.

Celui qu'on appelait l' «abbé » d'Hauterive à cause de ses études faites chez les Oratoriens, fut employé à Constantinople comme attaché à l'ambassade de France en 1780. Au commencement de l'année suivante, il acceptait la proposition d'Alexandre-Jean Maurocordato, prince de

Moldavie, et l'accompagnait pour remplir à Jassy les fonctions délicates de secrétaire auprès de ce prince, homme d'une intelligence distinguée et auteur de poésies grecques assez bien tournées. Habillé alla turca, avec un châle à la ceinture, des bottes molles aux pieds et une pelissesur les épaules, il suit le chemin habituel des cortèges princiers, qu'il décrit dans des notes de voyages, très spirituelles, avec une vraie valeur littéraire. « Une princesse belle comme le jour », la femme de Maurocordato, se trouve dans la nombreuse et brillante compagnie, et le secrétaire ne manque pas de signaler tous les beaux minois grecs rencontrés au passage : la jeune princesse Caradscha et la sœur même du nouveau Hospodar; il maudit les féredschés dont les plis l'empêchent de voir les belles dames, ou les dames supposées belles, de Bourgas. Passant le Danube à Silistrie, où la vue d'un cerf-volant manœuvré par un enfant le rassure à l'égard de la peste et de ses ravages, il passe la nuit dans un village où l'attendaient « un million de puces affamées » ; il aperçoit le couvent de Slobozia, datant du XVIIe siècle, sans en remarquer l'architecture intéressante ; il traverse des déserts fertiles, des villages composés de misérables huttes, qui ne sont pas cependant plus humbles que celles « des villages de la Beauce et de la Sologne », mais qui contiennent en abondance tout ce qui pourrait nourrir une ville ; il y goûte pour la première fois ce « pain » de maïs « bouilli » qui est la mamaliga, la « polenta » roumaine ; il contemple une joyeuse danse de noces et admire l'élégant costume des paysannes. Puis, après le passage de la frontière qui sépare, à Focsani, la Valachie de la Moldavie, bien que fatigué des hommages dus à un personnage de son rang, membre de la suite du maître, il s'indigne contre l'ispravnic (gouverneur) barbu, qui s'avise de le recevoir et de le nourrir trop négligemment. A Vasluiu il voit une petite villageoise de dix-huit ans qui lui semble descendue d'un tableau, avec son métier sur les genoux : « nos duchesses », dit-il, « ne brodent pas avec une plus jolie main, avec un plus beau bras et avec une aisance plus noble » dans la chaumière où tout est nettoyé et tout se trouve en ordre.

Arrivé à Jassy, il avait cru trouver des barbares en guenilles habitant « des niches de bouc » et parlant une langue épouvantable ; il était en effet prévenu dans ce sens par ses prédécesseurs, sur lesquels il formule ce jugement que nous nous bornerons à reproduire : « tous ceux qui se sont plaints de ce pays y ont laissé des sujets de plaintes et en ont porté ailleurs. Ceux qui disent », ajoute-t-il, « qu'on manque de tout ici ne disent pas tout ce dont ils manqueraient en France », où « plus d'un million de Français, à deux pas de l'abondance de tout, sont dépourvus de tout ». Il parlait ainsi après trois mois passés au milieu de ces boïars silencieux, de ces femmes aux yeux baissés qui valaient bien sans doute le monde remuant, hardi et bavard dont fourmillaient les appartements du Versailles royal.

Ayant lu Carra, le secrétaire français se croit obligé, dans une description qu'il rédigea à ce moment (La Moldavie en 1785), de parler des familles régnantes, Maurocordato, Ghica, des titres accordés aux princes phanariotes. Mais il ajoute des notes justes sur les motifs de la grandeur et de la décadence de ces hommes ambitieux qui tombaient l'un après l'autre, victimes de leurs traditions de famille ; il y a beaucoup à glaner pour l'historien dans ces nombreuses anecdotes puisées à la bonne source. A côté des figures, bien esquissées, de consuls, d'aventuriers, de belles femmes, auxquelles il fait la cour devant la princesse et un peu pour la princesse elle-même, il dessine, d'une main légère, en souriant, les types caractéristiques de la société moldave : grands boïars magnifiques, fonctionnaires entichés de leurs titres, Grecs « dénués de tout sentiment d'honneur », marchands grecs insinuants et fourbes, grossiers marchands moldaves qui trafiquent de denrées à bon marché, artisans allemands ivrognes et querelleurs, Juifs ressemblant aux « chèvres d'Angora », vils Bohémiens et enfin, aux deux bouts, parmi tout le ramassis d'étrangers, le peuple, habitué à être bafoué et maltraité, et le prince, qui, malgré les grâces qu'il distribue, ne trouve pas un seul fidèle. Les Grecs, laïcs et ecclésiastiques, sont l'objet d'une longue et mordante satire. Des considérations sur les revenus de la Principauté et sur la vie économique en général finissent l'opuscule. L'auteur insiste sur le manque d'organisation dans le travail et sur l'affreux gaspillage pratiqué avec insouciance par un peuple qui — Hauterive ne l'a pas remarqué — savait bien que le produit de son labeur ne servirait qu'à enrichir l'étranger. Il voudrait pouvoir amener des « bergers de Milan », de la catégorie des colons rêvés par Carra. Mais il reconnaît que cette pauvreté était heureuse, et peut-être en somme le bonheur est-il le but de cette fragile vie humaine.

Après quelques années de séjour, les premières idées du secrétaire princier se précisèrent.

Alexandre Ypsilanti avait succédé en 1787 à Maurocordato, lorsqu'Hauterive crut devoir luisoumettre, comme à un nouveau protecteur, un « mémoire assez étendu sur l'état de la Moldavie », qui est son principal livre concernant ce pays.

Il est empreint d'un grand sérieux et d'une sympathie sincère pour les Roumains. Cette intelligence pénétrante s'était rendu compte enfin que, « de tous les peuples qui les environnent et qui se glorifient d'une ancienne généalogie, ils sont encore ceux qui conservent dans leurs coutumes et dans leurs lois le plus de conformité avec celles de leur fondateurs; que, dans la confusion générale de toutes les mœurs..., ils sont les seuls dont la servitude est restée indécise, dont la dégénération n'est pas condamnée et laissée encore à l'espérance ; qu'ils sont les seuls qui, sans faire partie intégrante d'un vaste Empire, conservent, sous la condition d'un tribut, leur nom et leurs formes civiles ; qu'ils n'ont pas perdu tous les moyens de modérer la puissance de ceux qui régnent sur eux ; qu'ils savent même, par l'unanimité de leurs acclamations ou de leurs murmures, influer sur la plénitude et la durée de leur autorité, qu'ils sont enfin les seuls qui gardent les lois et la langue du premier peuple de l'univers..., quelques-uns de leurs usages comme des traditions nationales, et enfin des traits précieux et ineffaçables de la simplicité de ces anciens Romains qui domptèrent tout l'univers, et des Scythes (lisez : Daces) qui ne furent domptés par personne »[9].

Dans ce petit écrit, bien ordonné, les renseignements historiques ne figurent que pour expliquer les « usages » et appuyer de la sorte les « privilèges ». Cette brève notice, exacte dans ses lignes générales, fournit aussi des preuves d'une clairvoyance peu commune ; l'auteur y fait preuve d'une habileté particulière à saisir les rapports permanents qui existent entre les actions politiques, d'un côté, et le territoire, la race, de l'autre. Hauterive admet cependant la disparition totale de l'ancien élément dace et la retraite ultérieure des colons romains devant les barbares qui les ont refoulés dans la montagne protectrice.

Les débuts de la principauté moldave sont exposés d'après la légende ancienne contenue dans les chroniques que le secrétaire du prince avait pu utiliser à la suite du précepteur Carra. Hauterive ajoute d'ailleurs des hypothèses naïves ; il explique par exemple le nom de la ville de Roman (c'est-à-dire : fondation du prince Roman) par le caractère romain que Dragos, le prétendu créateur de l'Etat moldave, avait entendu donner à son œuvre. Il glorifie le long labeur guerrier d'Etienne-le-Grand, vainqueur de Mohammed II et de la puissance ottomane à son époque héroïque, et il donne à celui qui « sut maintenir sa nation dans une indépendance absolue » le doux nom indigène de Stefan Voda, « le Voévode Etienne » : « son nom a remplacé dans les chansons nationales », dit-il, — et c'est la première fois qu'un étranger mentionne ces chants épiques roumains, pareils à ceux des Serbes par l'essor héroïque aussi bien que par la beauté de la forme — « ceux des divinités daces qu'elles célébraient alors et que les chansons valaques célèbrent encore ; le récit de ses exploits fait encore aujourd'hui le charme du loisir des bergers et la joie des festins et des fêtes »[10]. Comme il avait déconseillé, dès les premières lignes de son écrit, une politique favorable à la Russie, dont il démontrait la « protection ambitieuse »[11], il considère comme une grave faute la résolution prise en 1711[12] par le prince Démétrius Cantemir d'ouvrir au Tzar Pierre les portes de son pays moldave. Hauterive croit que la méfiance de la Porte envers tous ses sujets chrétiens et les mesures qu'elle prit à leur désavantage sont dues à cette action imprudente et erronée dans son principe même.

Un second chapitre s'occupe du peuple, en reconnaissant avec respect les traces, très visibles, de sa noble origine : « la haute stature et la constitution robuste des soldats romains », tels qu'ils sont représentés, au moment même de la conquête de la Dacie, sur la colonne du conquérant à Rome. Dépouillé de sa terre, le paysan a gardé cependant, avec sa « liberté personnelle », des « qualités morales qu'on chercherait en vain chez les voisins», car « les Moldaves n'ont rien perdu de ce caractère originaire qui se révolte contre toute oppression nouvelle». Il les montre prêts à protester contre tout accroissement de leurs charges, à dénoncer les abus des oc ispravnics », à venir, quelle que fût la distance, devant le tribunal du prince lui-même pour lui présenter des doléances qu'il doit nécessairement écouter. « Ils haranguent », dit le spectateur journalier de ces belles scènes fières et patriarcales, oc avec une éloquence d'autant plus persuasive qu'elle a toute la simplicité des inspirations de la nature, sans manquer des ressources de l'art. On ne peut se présenter avec une contenance plus modeste. Ils attendent, les yeux fixés sur la terre, qu'on leur ordonne plusieurs fois de parler. On dirait qu'ils n'ont ni l'usage, ni le courage d'exprimer leurs pensées. Mais cet embarras étudié est bientôt suivi d'un flux de paroles, tantôt prononcées avec une volubilité prodigieuse, tantôt soutenues d'un ton pathétique, et toujours accompagnées d'un geste expressif et (Tune physionomie pleine d'intérêt. J'avoue que cette tradition de l'ancienne liberté romaine est une des choses auxquelles je ni1 attendais le moins et qu'il m' a été le plus doux de trouver à quatre cents lieues de Rome et à dix-huit siècles de Cicéron ».

Hauterive repousse avec indignation les reproches « de paresse et de friponnerie », qui sont encore adressés, par les intéressés du pays même et par les ignorants de l'étranger, aux paysans roumains. On dit la même chose du paysan polonais, qui subit une oppression sociale plus pesante encore, mais qui du moins n'a pas à fournir aux exigences incessantes de l'étranger rapace. Le Moldave campagnard n'entend pas s'épuiser pour le profit d'autrui et, en outre, il ne veut pas s'embarrasser, dans ses fréquents déplacements à la recherche d'une terre plus riche et d'un maître plus doux, par le poids même de ce qu'il aurait accumulé et conservé. Ces laboureurs opiniâtres d'aujourd'hui, ces pâtres infatigables du XVIIIe siècle ne sont pas des fainéants. « Quand l'indolence est volontaire », s'exprime avec raison notre auteur, « elle n'est pas toujours un vice. Ici elle est une ressource ». Il n'oublie pas de mentionner en connaisseur, donc en ami — ce qui est la même chose — une « activité qui s'accommode aux circonstances », une « patience sans bornes flans les maux nécessaires », une gaîté qui ne se dément pas dans la pauvreté et « les vertus domestiques qui rendent cette pauvreté heureuse », une hospitalité inimitable dans son abondance et sa délicatesse, « une politesse qui est attachée aux formes de leur langage et qui, par conséquent, durera toujours ».

Comme la religion ne représente pas ici les moyens de vivre d'une caste et les intérêts de son ambition, ni même les tendances d'un système tendant à absorber toute la vie morale des hommes, mais bien une simple « partie de l'éducation domestique », familiale, les prêtres ne se distinguent de leurs ouailles, en quittant l'église, que par leurs vêtements, et parfois dans les villages, ce caractère distinctif même manque presque complètement. Ces bons curés pauvres et modestes « donnent l'exemple de la patience et de l'industrie : ils sont les meilleurs époux, les meilleurs villageois de la province» , étrangers aux querelles aussi bien qu'aux plaisirs coupables du cabaret. Il ne faut d'ailleurs pas les confondre avec ceux qui peuplent des riches fondations monastiques ; étrangers au pays, ces derniers appartiennent pour la plupart à l'avide clergé grec, exploiteur de l'Orient orthodoxe entier ; dénaturant à leur profit les actes de donation dus à des fondateurs qui voulaient seulement mettre leur création sous la tutelle vénérée des Lieux Saints, ils traitent leur monastère en tyrans, « comme une conquête », et cumulent avec cette qualité celle d'agents d'une propagande politique étrangère[13].

Les marchands et artisans n'ont pas un caractère exclusivement national et parfaitement défini. L'auteur ne s'occupe de cette classe que pour formuler des critiques et proposer des remèdes dont nous nous occuperons plus tard. Les boïars, au contraire, solliciteront, même pour définir leur rôle et découvrir leurs usages, l'attention de ce penseur politique.

Ils se distinguent de leurs collègues valaques par des goûts casaniers et patriarcaux, par leur grand amour pour la vie de campagne, où ils sont des « monarques », par plus d'économie, donc de richesse, par une liberté plus étendue à l'égard du prince que la Porte leur impose, naturellement sans les consulter, par « un plus grand attachement aux anciennes mœurs », un caractère plus austère et moins de penchant pour cette civilisation européenne qui, dira ce représentant de la « philosophie » occidentale, « quand elle n'opère pas un effet brusque et total, ne fait qu'ajouter de nouveaux vices aux anciens, qui introduit dans les goûts des hommes de différents âges et de différentes conditions un schisme qui tend surtout à discréditer l'autorité paternelle et civile et rend enfin les hommes moins vertueux, sans les faire devenir plus polis[14] ». Mais déjà une « corruption naissante » attire les gens vers la Cour, Cour malfaisante, qui exige de si grands sacrifices pour des satisfactions si vaines et si passagères, pour le simple « avantage de défigurer son nom et d'ajouter un trait de plus au chiffre de sa signature ». A mesure que Jassy sera la capitale des ambitieux, des jouisseurs et des étrangers qui leur fourniront le décor de leur situation, la campagne, désertée, s'appauvrira, perdant peu à peu « ses clôtures bien soignées, ses beaux haras, ses villages bien entretenus, ses campagnes bien cultivées », l'ancienne bonté compatissante du maître et l'ancienne fidélité dévouée du paysan[15]. Quant aux femmes, qui, selon l'avis de notre écrivain, n'auraient jamais dû adopter le vêtement approprié à la mollesse énervante des Orientaux, « elles ont conservé la sévérité des mœurs de leur climat; elles sont toujours infiniment plus modestes que leur costume, et », ajoutera-t-il, comme pour remplir un devoir délicat, « je n'aurais pas fait cette observation, si elle ne servait à relever le mérite de leur vertu »[16]. Ce qui n'empêche pas ce costume d'avoir les désavantages enlaidissants et engourdissants que signalait Carra[17].

Constatant ensuite la poussée exercée, d'un côté par la langue grecque « que les bons vieux boïars ne parlent que par une condescendance respectueuse pour le prince » et, de l'autre, par le français « à la mode », Hauterive déplore l'abandon du parler « moldave » dont il est en état, non seulement d'apprécier la simplicité énergique, mais de découvrir même les vraies origines : il les retrouve en effet dans le lointain jargon guerrier des fondateurs de Rome, qui, d'après lui, s'est conservé dans les accents rustiques des laboureurs de l'Empire plutôt que dans le langage des foules urbaines.

On a relevé avec raison ce beau chapitre de philologie comparée, d'une clairvoyance vraiment étonnante, surtout si on le compare au balbutiement calomniateur de Carra, qui se trouvait cependant placé dans des conditions meilleures[18]. Hauterive va jusqu'à demander l'emploi de l'alphabet latin au lieu des lettres cyrilliques, dont les pays roumains devaient cependant se servir pendant quelques dizaines d'années encore ; il croit même que certains sons intermédiaires, pour lesquels on avait eu des signes qui ont contribué à les perpétuer, disparaîtront au plus grand profit des voyelles claires venant de la Home primitive.

Mais dans ce mémoire, qui avait été demandé peut-être par le prince lui-même, Hauterive avait avant tout pour but de proposer des réformes. Il sera donc utile, pour connaître aussi bien l'état des Principautés que les qualités d'esprit de l'auteur, de s'y arrêter un peu plus longuement.

Ses considérations sont celles d'un économiste d'instinct et de vocation ; en effet il rédigea son ouvrage pour fixer ses opinions dans un domaine si cher à la pensée réformatrice du siècle. Il reconnaît que l'aspect désolant de certaines parties du pays est dû seulement au « déplacement » de ceux qui veulent échapper aux dévastations des armées, aussi bien qu'aux réquisitions des postillons et des agents princiers qui accompagnent et défrayent les voyageurs de marque. Mais il sait bien qu'il y a un fort courant d'émigration et il en redoute les conséquences ; pour remédier au mal, il propose de maintenir le montant actuel des impôts, sans accabler sous le poids de charges nouvelles des paysans qui ne produisent que ce qu'il faut pour leur propre entretien et pour les besoins connus de l'État, de ne pas créer au profit de tel ou tel boïar des situations locales avantageuses, de ne pas changer trop fréquemment les fonctionnaires, de modérer les prétentions de la Porte, qu'entretenaient ces malheureux habitants.

Le paysan lui-même doit être enrichi, et il faut penser aux moyens d'encourager un accroissement normal de la population. Les Tziganes, qui présentent «l'indépendance la plus absolue dans un entier esclavage et la jouissance de tout dans l'exclusion de toute prérogative civile », doivent être affranchis, en commençant par ceux dont on constatera les souffrances endurées, mais sans se presser, et en les préparant d'abord pour une liberté dont ils ne sauraient autrement que faire.

La politique du gouvernement à l'égard des étrangers doit être pleine de précautions aussi sages que patriotiques. Il ne faut pas se montrer aussi accueillant à l'égard de ceux qui, comme les Juifs et les Allemands, n'apportent que des métiers d'une utilité douteuse, des moyens d'accroître, avec le luxe, la dépense de la classe riche, et ne donnent naissance à aucun commerce d'une valeur supérieure à celle des peaux de lièvre quelesdits Juifs vendent depuis quelque temps en Galicie.

A ces intrus; que protègent des privilèges d'exemption, conservés avec jalousie par les consulats qui en profitent, il faudrait préférer des Hollandais, des Saxons, des Vénitiens, des Livournais et même ces bergers de Milan dont s'était occupé Carra[19]. Les fleuves moldaves, sans être réunis par un canal, ainsi qu'on en avait le projet, devraient être préparés pour devenir des artères d'un commerce plus vaste. Enfin il faut empêcher à tout prix l'invasion de ces étrangers qui exploitent un pays où ils ne séjournent pas, de ces exportateurs qui viennent constamment drainer les produits du sol moldave; on oublie cependant l'argent qu'ils y ont laissé. Il ne faut pas tolérer plus longtemps un état de choses qui fait des indigènes des importateurs, allant chercher, sous la protection des consuls, « des colifichets à la foire de Leipsick ».

De pareilles mesures auront aussi des conséquences favorables dans le domaine politique. Les amateurs de « révolution », qui veulent remplacer le maître turc par un autre plus lointain (russe ou autre), abandonneront leurs projets pernicieux. Hauterive se met alors à examiner les profits et les pertes de ce nouveau maître, s'il parvenait à s'annexer les Principautés : il serait incapable de vendre des articles qu'il ne fabrique pas lui-même et ne tirerait aucun bénéfice de l'exportation moldave dont il n'a pas besoin ; en même temps, les contributions ne serviraient qu'à accroître les revenus de quelque gouverneur despote, que la lointaine capitale de l'Empire ne serait pas en état de contrôler. Il faudrait en fin compter avec la soif de revanche qui animerait la Turquie, avec les dangers politiques et économiques résultant du voisinage immédiat avec ce concurrent perfide, que ne saurait lier aucun traité d'alliance, qu'est l'Autriche [20].

CHAPITRE VII

La Révolution française et les Roumains

Le grand mouvement révolutionnaire qui partit de France en 1789 n'exerça pas d'influence immédiate ni sérieuse sur ces habitants des Principautés que tous les voyageurs : les Français, dont, nous avons analysé plus haut les récits, les Allemands de Russie, comme Reimers et Struve, les Anglais comme Lady Graven et Baltimore, et enfin les sujets de l'Empereur, comme Karaczay et Boscovitch, Raicevitch et Sestini, avaient plaints d'être eux aussi soumis à des « tyrans ».

La raison principale en est que, dans les pays danubiens, n'existait pas, comme dans l'Occident, cette classe moyenne qui aurait pu proclamer les nouveaux principes et entreprendre la lutte pour leur assurer la victoire. Dans la masse des paysans, le mécontentement, amorti par une longue durée de souffrances, ne s'était manifesté que par des troubles passagers, sans cette énergie consciente qui est en état de les transformer en un mouvement révolutionnaire voulu et suivi. Quant aux boïars, le nombre croissait sans cesse de ceux qui, sans avoir fait encore des études en Occident, lisaient avec passion les journaux de Paris, de Hollande, d'Allemagne, procurés par les agents consulaires d'Autriche — le Mercure de France, entre autres, — ou bien les romans, parmi lesquels il s'en trouvait de licencieux, fournis par ces libraires orientaux de Vienne, les frères Markidès Poullio que nous avons mentionnés plus haut. Un Grec qui avait passé quelque temps en Valachie, Alexandre Ralphoglou, nous présente le type nouveau du jeune noble, beau parleur et dépensier, qui se vantait de ne plus fréquenter les églises, de ne pas croire à la religion de ses pères et de connaître les écrivains français, depuis Voltaire jusqu'à Mirabeau lui-même, dont certainement, il n'avait lu que des fragments sans importance[21]. Mais il y avait des lecteurs sérieux qui connaissaient la Henriade et les ouvrages des récents poètes lyriques, qui se procuraient, en fait d'ouvrages dramatiques, Destouches et Beaumarchais, de même que Racine, dans la belle édition elzévirienne de Berlin, qui admiraient la grande éloquence française dans les sermons de Bossuet, de Bourdaloue et de Mas-sillon et qui, accumulant dans leurs bibliothèques des ouvrages d'histoire, s'extasiaient devant les hauts faits des Grecs et des Romains et formaient des rêves d'avenir en feuilletant les « Révolutions » de Suède, de Portugal, etc. Certains d'entre eux, comme Georges Bals, notaient en marge, ce qui prouve l'assiduité qu'ils apportaient à leurs lectures, l'équivalent roumain ou grec du mot français, plus rare, qui les avait arrêtés[22]. D'autres, comme Vârnav, travaillaient avec zèle aux premières traductions de français en roumain, et ils trouvaient un goût particulier à communiquer aux amis les mystères de la franc-maçonnerie dévoilée[23]. Tel Grec donnait une version du Memnon de Voltaire, et le Métropolite de Moldavie, Jacob Stamati, né en Transylvanie, n'hésitait pas à publier dans son imprimerie archiépiscopale de Jassy un des romans français à la mode, traduit par un anonyme, Critile et Andronius. Les mesures prises pour les écoles par Constantin Mourousi, prince de Moldavie, et par Alexandre Ypsilanti, prince de Valachie, faisaient, avant 1780 encore, une place à l'enseignement de la langue de Voltaire l'excommunié auprès du grec indispensable et du bon latin orthodoxe de l'ancienne méthode[24].

Pour se rendre compte, du reste, des progrès accomplis par l'esprit critique et révolutionnaire, il suffit de feuilleter tel recueil de poésies légères, rédigées en grec, mais qui constituaient la lecture favorite de la société entière à Jassy et à Bucarest. On y verra les traits acerbes qui sont lancés contre les « boïars de première classe », habillés d'or, fiers de leur situation et de leurs titres, mais dénués de tout sentiment pour la misère du prochain et pour les devoirs du citoyen envers la communauté dont ils font partie. « C'est par des actes d'injustice », crie-t-on à tel faux patriote, « que tu gagnes, et tu suces sans remords le sang des malheureux. Tu n'as pas honte de ravir entièrement au public tant de sommes d'argent amassées pour quelque usage utile... ? Comment peut-on prendre le titre de boïar de première classe quand en fait on est traître envers sa patrie ? Pourquoi invoquer avec orgueil le nom de tes parents, si toi-même es sans vertu ? Te sens-tu enclin à ne pas être injuste envers le pauvre orphelin? Ta main est-elle secourable pour l'étranger et la veuve, et la voit-on aider au bien public ? C'est en cela seulement que réside la noblesse; la généalogie seule ne la compose jamais »[25].

Mais, lorsqu'il s'agissait d'une propagande politique, ces boïars cultivés et désireux de ressembler aux nobles de la nouvelle génération en Occident se bornaient à demander à l'Europe entière le retour aux anciennes conditions d'une autonomie qui ressemblait plutôt à l'indépendance. Leur programme contenait seulement la diminution des charges qui pesaient sur leur patrie, une plus grande liberté commerciale, la stabilité des princes, qui ne devaient plus être changés presqu'annuellement, le droit d'entretenir une milice indigène, l'éloignement des étrangers, en particulier des Grecs, qui venaient dans la suite du maître, enfin la protection des Puissances chrétiennes, surtout de celles qui n'avaient pas intérêt à mettre la main sur les territoires du Bas-Danube. Telles furent leurs demandes au congrès de Focsani en 1780 et, plus tard, à chaque nouveaumoment des relations entre la Russie et la Porte. A l'appui de leurs prétentions, ils invoquaient des traités anciens ou récents.

Comme ceux des États des Pays-Bas ou de la Hongrie, ces nobles se tenaient donc, dans leur opposition contre l'Autriche, sur le seul terrain des droits acquis, des privilèges confirmés solennellement, de la tradition historique. La nouvelle métaphysique des « idéologues » ne leur disait rien. Ils voulaient bien un pays libre, même un seul pays roumain ; mais, dans cette patrie restaurée, ils entendaient être, non seulement les premiers, mais les seuls facteurs politiques, — eux, les boïars.

Les Principautés ne connaissaient pas non plus cette catégorie « d'intellectuels » sans argent, sans situation, souvent sans foyer, qui, après avoir sollicité une pension ou obtenu un emprunt, réclamaient à hauts cris la suppression de toute inégalité sociale. Les écrivains du temps, historiens et poètes, étaient ces mêmes boïars à l'horizon borné par les frontières mêmes de leur classe. Ou bien c'étaient des maîtres d'école, des membres du clergé, grecs pour la plupart, qui ne se sentaient pas, comme les moines et les prêtres roumains de Transylvanie qui avaient fréquenté les cercles de Vienne et de Rome, des aspirations « philosophiques », mêlées à des espérances nationales.

L'évêque de Râmnic, Césaire, demandait bien — nous l'avons déjà dit — qu'on lui envoyât l'Encyclopédie, mais il n'y cherchait que l'information. Un « ecclésiarque » de son diocèse, Denis, auteur d'un Chronographe, se représente la Révolution d'une manière burlesque, sous l'aspect de douze « boïars », conseillers du roi de France qui avaient déposé leur maître par ambition[26].

En 1795, un homme, qui avait passé un certain temps en Italie et qui était en état de traduire des traités de géographie et d'astronomie, Amphiloque, évêque de Hotin, parlait dans les termes suivants des événements survenus en France : « On prétend que, depuis deux ans, le peuple de France s'est soulevé, demandant la liberté et ne permettant plus au roi de le gouverner ; on ajoute même qu'on a expulsé ce roi de son trône. Mais, comme nous ne connaissons pas la vérité, pour ne pas nous exprimer avec légèreté, nous ne parlerons que des anciennes coutumes »[27].

Il existait cependant un élément révolutionnaire, en dehors de ces Polonais qui, en 1793, passèrent à Constantinople, d'accord avec le citoyen Verninac, représentant de la République, pour y préparer la guerre contre la Russie. Ces révolutionnaires, en tout semblables à leurs coreligionnaires d'Occident, appartenaient au monde grec que des intérêts commerciaux avaient dispersé à travers l'Europe entière. Au moment où Constantin Stamati, qui avait voulu être consul de France à Bucarest, assistait, à Paris même, comme spectateur, aux grandes journées sanglantes de la Révolution, où Coraï adressait des lettres sur les mêmes troubles à son ami, le chantre de Smyrne, un jeune Macédonien, Rhigas, originaire de Velestino et ancien secrétaire du boïar Brâncoveanu, du baron grec Kirlian de Langenfeld et du consul de France à Bucarest, s'agitait parmi les membres, riches et actifs, de la colonie grecque de Vienne, où l'on comptait aussi des Roumains, originaires des Balcans et des Principautés ; il y composait cet hymne de la liberté hellénique, qu'il devait expier bientôt à Belgrade sous la hache du bourreau ; un autre grec, le secrétaire Panaïotis Kodrikas, qui savait à peine écrire un billet en français, recevait de son ami Stamati des rapports fréquents sur les progrès de l'œuvre de délivrance.

Mais les relations étaient trop faibles entre ces secrétaires grecs des princes, qui, plus tard, soit eux-mêmes, soit, comme ce fut le cas de Kodrikas, dans la personne de leurs descendants, devaient se créer une situation en France — et les boïars, qui seuls auraient été en état de commencer un mouvement politique ; les distinctions entre les classes étaient trop nettement fixées sous l'ancien régime roumain, pour que les sentiments des uns eussent pu provoquer l'action des autres. A Bucarest — et seulement dans cette capitale valaque — on se contenta de discuter les événements d'Occident dans les rares cafés fréquentés par la plèbe étrangère ; encore le gouvernement intervint-il pour mettre fin à ces conciliabules qui avaient l'air de conspirations. La population accueillit avec ironie les manifestations isolées des adeptes grecs de la Révolution, et le refrain de la Carmagnole, l'énergique « vive le son du canon », devint en roumain filfison, épithète dont on gratifiait les personnes ayant un aspect peu sérieux et une prétention bizarre à l'éloquence. Notons encore ce fait que jamais les armées de la République, qui étaient le meilleur agent de propagande révolutionnaire, ne parurent dans ces régions du Sud-Est européen, où la Révolution n'avait pas de revendications à présenter, ni d'ennemis à combattre. Les

Principautés ne turent pas même mêlées aux événements militaires qui changèrent de plus en plus la face politique de l'Europe jusqu'au jour où le Dniester fut, en 1806, franchi par les Russes, qui craignaient de laisser échapper leur part de la curée et qui accusaient les Turcs d'avoir violé les traités en remplaçant avant terme des princes suspects de trahison. Dès ce moment, le sort de ces Etats tributaires devint un des soucis de la diplomatie européenne.

Mais Napoléon, qui remaniait à son gré la carte de l'Europe, ne se préoccupa jamais du caractère national des populations qui l'habitaient : elles formaient pour lui une simple monnaie d'échange dans ses calculs politiques. Aussi n'hésita-t-il pas à reconnaître l'annexion des Principautés par le Tzar sur les bases du traité conclu à Tilsitt. Plus tard, lorsque sa politique prit un autre pli, il parut tout disposé à en faire cadeau à l'empereur François Ier, devenu son beau-père. Quant aux Roumains, le grand conquérant prit dans leur imagination le caractère d'un héros de pure légende. Le pauvre clerc de Râmnic, Denis, dont il a été question plus haut, le représente combattant, comme les héros de l'Iliade, à la tête de ses Français, devenus les preux de ses aventures gigantesques. En vain un grand-duc russe cherche-t-il à réprimer son élan, l'Empereur, par la force de son génie, s'élance sur un canon, et il tient tête aux masses ennemies en « rugissant comme un lion ». La victoire ne pouvait pas être refusée à celui qui la demandait aux grands moyens employés par les guerriers d'Homère. Il est, du reste, de la race, un Grec, un « Rhomée »... Plus tard, la chanson populaire se lamenta sur le sort de « Napoléon Bonne-Part (Buna-Parte) qui gît dans une terre lointaine ». Si des récits plus réels de ses exploits furent imprimés en roumain, on le doit à des éditeurs de Pesth, où la typographie de l'Université hongroise publiait des opuscules en lettres cyrilliques ; des planches grossières accompagnent ces pages, dont le contenu est traduit, sans doute, de l'allemand. Enfin, nous avons trouvé des journaux manuscrits, racontant au fur et à mesure les événements qui étaient, du reste, discutés avec vivacité entre boïars et consuls, avec intervention du Métropolite moldave lui-même, Benjamin Costachi. Ce dernier était un saint homme, qui s'attira, dans une pareille discussion sur les bulletins de la grande armée, les épithètes de « brigand, assassin, coquin », de la part de Hammer, l'agent autrichien.

Des écrivains français plus récents prétendent qu'un mémoire fut rédigé au nom des boïars des deux Principautés, un Démètre Ghica, un Grégoire Brâncoveanu, un Sturdza, un Beldiman, pour demander au grand Empereur la création dans sa nouvelle Europe d'un Etat roumain uni, destiné à servir d'appui à la « France en Orient »[28]. Quoiqu'on n'ait pas encore fourni la preuve qu'un tel document, intéressant à coup sûr pour l'histoire de la politique napoléonienne, ait jamais existé, on ne peut pas cependant se défendre du sentiment que des assertions aussi circonstanciées et précises doivent avoir une base réelle. Mais, si la chancellerie de Napoléon adressait à l'occasion des lettres aimables à ceux des Grecs qui, comme drogmans de la Porte ou comme princes dans les deux pays, jouissaient de la protection française en servant les intérêts de l'Empire, il ne voyait rien de moldave ou de valaque, moins encore de roumain dans leur qualité politique. La Turquie seule le préoccupait et les instruments grecs qu'on pouvait mettre en œuvre pour la dominer.

Lorsqu'en 1812 la guerre contre la Russie éclata, le Tzar s'empressa de négocier la paix avec le Sultan Mahmoud, dût-il même abandonner une partie quelconque de sa dernière conquête sur le Danube, qu'il ne pouvait plus défendre avantageusement par les armes. On lui demanda l'évacuation complète des Principautés, alors qu'il était disposé seulement à se retirer au-delà de la ligne du Séreth. Napoléon fit de son mieux pour empêcher les deux Etats de s'entendre. Le Sultan, sacrifié à Erfurth, devint son très bon ami; Napoléon lui promit, dans des termes emphatiques qu'il croyait appropriés aux goûts littéraires de l'Orient, aide et secours. Son nouvel ambassadeur, Andréossy, allait venir à Constantinople pour arranger les affaires des Turcs, incapables de lever encore une armée ; mais il tarda si longtemps que la patience et la lenteur proverbiales des Turcs en furent exaspérées. On céda donc aux offres pressantes d'Alexandre Ier, qui avait chargé l'amiral Tschitschagov de lui rapporter la paix à tout prix. Le 28 mai 1812 de l'ancien style, la paix de Bucarest reportait la frontière entre les deux Empires du Dniester au Pruth, et le Tzar annexait, sous le nom impropre de Bessarabie, qui s'applique historiquement au seul territoire tatar au-dessus des bouches du Danube, ces vastes et fécondes contrées qui forment une bonne moitié de l'ancienne Moldavie. Ainsi fut sacrifié à la néfaste politique des annexions arbitraires, un territoire essentiellement roumain ; et cependant, longtemps après Waterloo même, la race mutilée continua de chanter le triste sort de celui (qui « gît dans la terre lointaine ».

CHAPITRE VIII

La civilisation française et les pays danubiens. Relations politiques jusqu'à l'avènement de la Monarchie de juillet.

Pendant ce temps, les relations devenaient plus étroites entre la littérature française et les pays roumains, qui, sortant à peine du moyen-âge, ne s'occupaient guère encore que de théologie et de chroniques, mais sentaient de plus en plus le besoin d'une nouvelle poésie, correspondant aux idées et aux sentiments dont journellement ils se pénétraient.

Dans cette œuvre de pénétration, il ne faut pas faire une place trop large aux émigrés, aux épaves humaines de la Révolution, aux proscrits de l'Empire, qui ne furent ni aussi nombreux, ni aussi actifs qu'on se l'imagine. Le marquis de Beaupoil de Saint-Aulaire fut secrétaire du prince

Constantin Ypsilanti, fils de cet Alexandre qui avait été servi en cette même qualité par l'abbé d'Hauteriveet par l'abbé Lechevalier, archéologue et auteur d'un Voyage en Troade; mais ce « ministre des affaires étrangères » de Valachie, qui aimait les titres redondants, n'avait cure de contribuer à faire connaître les écrivains qui formaient la gloire la plus pure et la plus humaine de sa patrie. Dès le commencement du XIXe siècle, du reste, on ne retrouve plus ni précepteur, ni secrétaire auprès des Phanariotes, qui employèrent désormais les élèves grecs de la France, dont ils prisaient beaucoup plus la discrétion et les connaissances politiques. Les Français qui furent agréés comme professeurs à l'école grecque de Bucarest, véritable Université hellénique, entre autres Lejeune, qui donna la traduction annotée des Observations de Raicevitch sur la Valachie» ne contribuèrent pas à développer cette influence civilisatrice qui trouva d'elle-même ses voies. Les voyageurs sont rares, et ils ne donnent que des scènes sans importance, des chapitres d'amour léger avec quelque Catinca valaque, comme le comte de Lagarde, qui passa par Bucarest pour se rendre en Russie. Quant à Georges Bogdan, qui étudiait son droit à Paris à la même époque, il ne rapporta de France rien de cet amour pour les idées nouvelles qui pouvait faire de lui un auxiliaire de la régénération roumaine.

Du côté des Roumains, si un grand boïar comme Dudescu, riche à millions et revêtu de châles d'une valeur inappréciable, arrivait à Paris dans une calèche toute pleine de sucreries orientales, ce voyage fut un simple incident ; il n'a que la valeur restreinte d'un bizarre fait-divers dans la vie sociale de Paris. Plus tard seulement, après 1830, un Roumain de Transylvanie, fils de paysan, esprit étincelant d'intelligence espiègle et malicieuse, Jean Codru Dragusanu, tour à tour valet de chambre d'un voyageur princier, ami d'une grisette charitable, préposé à un cabinet de lecture et compagnon d'un noble étranger en train de s'instruire, écrira des lettres de France pleines d'une rare et singulière compréhension. Les premiers traducteurs d'ouvrages français en roumain dans la seconde moitié du XVIIIe siècle se mirent au travail en même temps que les Grecs, pour la plupart établis en Occident, qui enrichirent en quelques années leur littérature de bons ouvrages, surtout dans le domaine des sciences, de la philosophie et de l'éducation (Le jeune Anacharsis eut deux traductions). C'étaient des boïars dont le voyage à l'étranger était regardé avec méfiance et même empêché par le gouvernement — les Ghica séjournèrent cependant à Vienne vers 1812 — ; ils étaient néanmoins dans une situation inférieure à ces autres traducteurs, qui avaient fait de la connaissance des langues occidentales leur métier comme secrétaires et professeurs ou bien qui s'en servaient, comme marchands, pour leurs relations d'affaires. Les maîtres de langue salariés par les princes n'avaient pas la permission de donner des leçons en ville : on peut bien le voir par un contrat, que nous avons publié[29], conclu entre une dame de Belleville et le prince Scarlat Callimachi, dont elle se chargeait d'élever les filles. Ces pauvres leçons de géographie, d'histoire ancienne et moderne, de mythologie, n'étaient guère suffisantes pour former un esprit vraiment cultivé, capable de s'attaquer aux grandes difficultés que présentait la traduction, dans une langue encore un peu rebelle, des principaux ouvrages de la littérature française. La première grammaire française fut donnée par un Roumain d'outre-monts, Georges Gérasime Vida, qui avait fait des études à Pesth ; on ne conserve pas même en manuscrit d'essai dans ce genre fait par quelqu'un de ces précepteurs français.

Quant à la colonie française, plus importante à Jassy, elle se composait de fabricants, comme le faïencier Nicoletti, contemporain de Carra, ou, comme Lincourt, qui essaya d'une fabrique d'huile une trentaine d'années plus tard ; à cela s'ajoutait, pour l'entretien du consul, un nombre prépondérant de Juifs galiciens, sujets de la France. La condition sociale des industriels les éloignait des boïars, qui les auraient acceptés tout au plus comme maîtres de langues.

Nous ne parlerons pas non plus du rôle qu'on pourrait attribuer aux officiers des armées d'occupation, surtout des Russes, qui employaient le français, dit-on, pour s'entendre avec les indigènes ; ils parlaient très souvent, plus souvent même, l'allemand et l'on a essayé à leur usage des dialogues en langue italienne[30].

C'est donc à l'école supérieure grecque, fondée par les princes phanariotes, que les boïars apprirent le français. Ils connaissaient si bien cette langue que le boïar Constantin Conachi écrit avant 1800 des vers dont la facture, aussi bien que le contenu, didactique, philosophique et sentimental, larmoyant, rappelle l'école de Delille. Delille d'ailleurs, il faut le dire, s'était rapproché dans sa jeunesse de ces contrées, ayant été employé un moment à l'ambassade de France à Constantinople, au temps où André Chénier grandissait dans la maison des Lomaka, famille à laquelle appartenait sa mère. Le contemporain valaque du poète, Jean Vacarescu, bien qu'il parlât le français, était un disciple de l'école italienne. Mais parmi tous ces nobles roumains passionnés de littérature française, le plus actif fut Alexandre Beldiman, un Moldave, qui donna tour à tour, tout en peinant à la traduction de l'Iliade, des versions roumaines des Ménechmes de Régnard, de l'Oreste de Voltaire, des romans de Florian, comme Numa Pompilius ; il traduisit aussi là Mort d'Abel, pastorale du même auteur.

Un jeune écrivain, formé à Vienne et en Italie, Georges Asachi, utilisa Florian aussi pour son idylle de Myrtile et Chloé, avec laquelle commence, de fait, le théâtre moldave.

Après Beldiman, le mouvement fut continué par certains boïars qui, pour la plupart, s'étaient formés sans maîtres. On peut citer Basile Draghici, dont on conserve encore dans une église de Jassy la modeste bibliothèque ; Jean Buznea, qui traduisit dans un doux langage naïf Paul et Virginie ; Pogor, qui osa s'attaquer aux solennels alexandrins de la Henriade ; plus tard Emmanuel Draghici, dont le choix s'arrêta aussi bien au Code de commerce qu'au premier traité de cuisine inspiré par un modèle français[31].

Comme on le voit, les principaux représentants de ce courant destiné à donner aux Roumains une culture nouvelle, italienne, parfois allemande, mais surtout française, sont des Moldaves : le programme de l'école de Jassy, sa fréquentation assidue par les enfants des nobles, leur désir d'apprendre les sciences à leur source même, l'expliquent suffisamment. En Valachie, où les leçons de français commencèrent beaucoup plus tard, sous le prince Caragea, après 1812, il fallut le zèle d'un instituteur de Craiova, l'autodidacte Grégoire Plesoianu, qui se mit à rédiger de petits livres de lectures morales empruntées à la littérature française, et qui publia aussi une grammaire de cette langue.

Voilà tout ce qu'on avait au moment où une réforme complète de la vie roumaine fut décrétée et accomplie par cette loi nouvelle du Règlement Organique, qui fut discutée pendant quelques années dans des comités de boïars, moldaves et valaques — Conachi était du nombre, — convoqués par le président plénipotentiaire russe, général Paul de Kissélev[32]. Dans ce régime de fonctionnaires, auxquels devait se mêler la classe des boïars, conservée seulement dans ses rapports avec les fonctions, dans cette savante organisation d'une hiérarchie de bureaux, dans ce simulacre d'Assemblées délibérantes, le décalque des institutions françaises est manifeste[33]. En 1821, la révolution grecque, provoquée par les principes de 1789 plutôt que par le principe national, tel que nous l'entendons aujourd'hui, avait suscité dans les Principautés, théâtre de ses premiers exploits malheureux, un mouvement populaire de paysans conduits par un petit boïar d'origine villageoise, Théodore (Tudor) Vladimirescu, qui imita l'organisation des Serbes pendant leur guerre de libération. Il fut tué au milieu de sa carrière. Mais, aussitôt après, lorsque les Turcs, indignés contre la mauvaise foi de leurs auxiliaires grecs, curent abandonné l'usage de confier à des Phanariotes les trônes des Principautés, lorsque les premiers princes indigènes, un Sturdza pour la Moldavie, un Ghica pour la Valachie, eurent repris la tradition des gouvernements indigènes, les boïars lecteurs de journaux français se muèrent en carbonari et commencèrent à fabriquer des chartes constitutionnelles, dans lesquelles on confondait tous les souvenirs des constitutions européennes nées à l'époque de la Révolution : régime représentatif, séparation des pouvoirs, organisation bureaucratique, libertés publiques, — tout cela, bien entendu, à l'usage exclusif des boïars, grands et petits. Ce travail d'une vingtaine d'années aboutit au Règlement Organique, constitution votée par l'aristocratie, contresignée par Kisselev, modifiée à Saint-Pétersbourg et promulguée sans aucune observation par la Porte.

Le régime « européen » demandait la connaissance générale des idées et des sentiments de cette Europe qu'on prétendait imiter, pour édifier un état nouveau sur les ruines de l'ancien régime. La nouvelle école secondaire, qui devait tendre vers un enseignement supérieur, origine des Universités de Jassy et de Bucarest, eut nécessairement des chaires de français. Des Français vinrent bientôt, comme professeurs publics ou comme fondateurs dé pensionnats, se consacrer à la diffusion de leur langue dans cette société qui en était si avide, en même temps que des femmes, même des Polonaises, des Italiennes, des Allemandes, s'établissaient comme directrices d'écoles privées, ou comme simples institutrices dans les familles. J. A. Vaillant fut le plus important et le plus zélé parmi ces propagateurs de la civilisation française : appelé en janvier 1830 dans le pays par le grand-boïar Georges (Iordachi) Filipescu, qui ne quitta jamais l'ancien costume ni les coutumes de sa jeunesse — il vivait encore, unanimement respecté, pendant la guerre de Crimée —, il était en 1838 directeur de l'école secondaire de Saint-Sabbas ; sa grammaire française, son dictionnaire remplacèrent bientôt la brochure modeste de Plesoianu[34]. En Moldavie, un Maisonnabe eut plus tard la direction de l'enseignement ; Je pensionnat de Cuénim, Chefneux et Bagarre, conduit vers la fin par Victor Cuénim seul, fut fréquenté par les enfants des premières familles, par les fillettes aussi bien que par les garçons.

C'est à ces écoles qu'on doit la première génération des Roumains cultivés ; elle posséda d'une manière générale cette langue française qui devait non seulement leur faire connaître la nouvelle littérature romantique, mais encore les initier à la connaissance, ardemment convoitée, des sciences ; les premiers boursiers roumains à l'étranger, un Jean Pandeli, mathématicien, un Euphrosyne Poteca, théologien et philosophe, étaient allés chercher directement cette connaissance à Paris, et l'on a conservé les demandes naïves posées par ce dernier au professeur Arago.

Aussitôt les traductions apparaissent. En Moldavie, elles sont dues à des élèves qui ne les ont pas publiées, ce travail étant considéré comme un simple exercice scolaire ; la littérature française en forma les objets. Les ouvrages des écoliers se rencontrent aussi à Bucarest, où un de ces jeunes gens fit imprimer le Philosophe indien de Chesterfield, qu'il avait connu dans une version française. Mais dans la capitale valaque l'œuvre difficile de donner en roumain les meilleurs produits de l'esprit français à travers les siècles trouva un admirable organisateur et un des collaborateurs les plus zélés dans le directeur d'un périodique, dont il était à la fois l'imprimeur et l'éditeur et qui devait provoquer et entretenir l'intérêt chez un public de trois cents lecteurs. C'était Jean Eliad qui se fît appeler plus tard aussi Radulescu ; à lui revient une des premières places dans le développement intellectuel de notre pays.

Il connut Byron par des versions françaises et il traduisit une partie des Méditations poétiques de Lamartine, sans pouvoir rendre néanmoins dans les syllabes lourdes de sa version l'enivrante fluidité de l'original! Il donna plus tard aussi un recueil de nouvelles romantiques. Autour de lui s'assemblèrent des boïars, qui n'étaient pas toujours très jeunes. Jean Vacarescu publia une traduction en vers du Britannicus de Racine ; d'autres, simples dilettantes, présentèrent à un public encore insuffisamment préparé, mais d'une intelligence très vive et d'une puissance d'adaptation tout à fait remarquable, une partie des comédies de Molière — l'Amphytrion avait été traduit par Eliad lui-même — et d'autres pièces, plus faciles, qui étaient nécessaires au théâtre nouvellement fondé par une association de nobles, la « Société philharmonique ». L'Atala et le René de Chateaubriand parurent à la même époque en roumain. Une Ghica, la mère de Dora d'Istria, traduisit une partie du livre de Mme Campan sur l'éducation ; plus tard Negulici et d'autres y ajoutèrent la traduction d'ouvrages semblables qu'avaient publiés Mme de Genlis et Aimé Martin. Toute une bibliothèque fut formée ainsi en moins de dix ans.

La meilleure traduction d'un ouvrages français parut cependant en Moldavie, où Constantin Negruzzi, dont les nouvelles, très soignées comme style, ressemblent aux récits de Prosper Mérimée, trouva le moyen de reproduire l'envolée de Victor Hugo dans ses Odes et Ballades.

Restait cependant à réaliser une œuvre, beaucoup plus difficile, celle de créer une littérature roumaine originale ayant comme source d'inspiration, et non comme modèle d'imitation servile, cette littérature romantique de la France nouvelle. Elle pouvait prendre ses sujets dans la vie nationale elle-même, dans le charme mystérieux des anciennes ballades, dans les terreurs des contes de revenants, dans le souvenir des glorieux combats livrés par les ancêtres pour défendre contre l'envahisseur cette terre roumaine mille fois trempée du sang de ses martyrs, dans les espérances du moment et dans l'élan vengeur d'une société indignée contre les abus et l'oppression. Le premier qui s'y essaya et qui réussit fut un élève de Vaillant, Grégoire Alexandrescu, qui, moins heureux qu'Eliad, ne devait jamais voir la France, après s'être pénétré de son esprit. Né dans une pauvre famille de Târgoviste et abrité pendant quelque temps dans la maison d'un Ghica, plus tard enfin officier de cette armée dont Cârlova avait été le premier poète aux larges rêveries guerrières, tout empreintes des réminiscences de l'histoire, il fut, en même temps, le créateur de la fable roumaine aux tendances politiques, vibrante d'actualité, cinglante d'ironie, et l'évocateur heureux des grandes figures héroïques qui surgissent impressionnantes à son appel. Plus tard seulement les chansons populaires seront recueillies par un Alexandre Rousso, élève des écoles françaises de la Suisse, et par cet étudiant revenu de Paris qu'était à ses débuts le grand poète Basile Alexandri.

L'influence française dominait dès ce moment même la littérature roumaine de la renaissance nationale.

CHAPITRE IX

La Monarchie de juillet et les Roumains.

Ce que les premiers étudiants roumains à Paris rapportèrent de leur séjour dans cette ville, ce fut surtout les connaissances dont ils avaient besoin pour la carrière à laquelle on les avait destinés ou bien celles qui pouvaient leur servir dans leur carrière politique et sociale. Pandeli, dont il a été question plus haut, se suicida pendant le cours de ses études ; le prêtre Poteca traduisit plus tard des écrits de philosophie et de morale sans aucun rapport avec l'état des choses actuel dans son pays. Des deux fils du logothète Démètre Bibescu, qui devaient être princes de Valachie sous le régime du Règlement, Barbe Stirbey fit ses études dans une institution privée, et Georges Bibesco (Bibescu) fut promu docteur en droit ; ils n'empruntèrent à la France des premières années de la Restauration que le sens de l'ordre et, surtout en ce qui concerne Stirbey, le goût pour le travail utile au pays.

Une nouvelle génération devait chercher à Paris autre chose que d'excellentes leçons de spécialité ou un vernis social de qualité supérieure. Jean Ghica en revint avec un grand enthousiasme pour les beautés de la nature dont il connaissait désormais les secrets, et aussi avec des idées politiques mesurées, mais fermes, convaincu que des libertés publiques étaient nécessaires et que chaque nation avait le devoir de faire sa propre vie. Bien que Michel Sturdza, prince de Moldavie, eût interdit le séjour de Paris à ses enfants et les eût confiés à l'abbé Lhommé, leur ancien précepteur, pour leur faire suivre les cours du lycée de Lunéville, bien qu'il les eût envoyés ensuite à Berlin, où il n'y avait pas à craindre l'influence des courants pernicieux, son protégé, celui qui devait être le grand historien et homme d'état Michel Kogalniceanu (il signait au début : de Kogalnitchan) écrivit, non seulement en français, mais dans un esprit français, son Histoire des Roumains, parue à Berlin en 1834, et les tendances de son activité politique ne sont pas certainement prussiennes, fût-ce même dans le sens supérieur de Ranke, un de ses maîtres. Elevé entièrement à la française, et à Paris même, Basile Alexandri, fils d'un très riche boïar de création plus récente, s'y forma vers 1840 dans une atmosphère tout à fait romantique et, de retour dans son pays, il broya toutes les couleurs de la fantaisie légendaire et historique pour donner dans ses premiers recueils de poésie, sous des noms roumains, avec les souvenirs et les usages moldaves, une édition nouvelle, presque flamboyante, du romantisme, aussi bien d'après Lamartine, dans ses Lamentations, que d'après Hugo, dans ses Odes et Ballades. Avec Rousso, déjà mentionné, et d'autres d'une moindre valeur, Jassy eut aussi sa pléiade de poètes aux longues boucles et aux cravates provocantes pour le philistin. Ici, le philistin était le vieux boïar à pelisse et à bonnet de peau de mouton, plus respectable que ne le croyaient ces mauvais garnements qui devaient être pourtant un jour la gloire littéraire de leur pays et compter parmi ses chefs politiques les plus populaires. La Dacie littéraire de Kogalniceanu, qui tendait surtout à réaliser l'union morale, condition nécessaire de la réunion politique des pays roumains, puis la Feuille scientifique et littéraire de Ghica, de Kogalniceanu et d'Alexandri et enfin la

Roumanie littéraire de ce dernier furent les organes de cette jeunesse. Sous sa conduite et grâce au répertoire de comédies de mœurs bâties à la diable d'après les modèles français, le théâtre national de Jassy, très fréquenté, devint la principale scène du pays. Ajoutons que ce même théâtre, sous la direction d'un Français, donnait pour une autre partie de la saison des représentations françaises avec des artistes importés de France.

Dans ces conditions, la vie sociale elle-même devait prendre pour les classes riches et cultivées un aspect plutôt français. Déjà vers 1830 Faca, jeune boïar valaque, avait bafoué dans ses Francisées le ridicule des nobles dames qui se croyaient obligées d'exhiber des modes venues soi-disant de Paris et à entremêler leur conversation de mots français plus ou moins estropiés. Plus tard Alexandri lui-même représenta, dans sa Cocoana Chiritza (Mme Kiritza), la femme du fonctionnaire de province qui, dans un jargon bariolé, se targue de ses manières, de ses idées et de ses voyages, et entend faire dans ce même sens l'éducation de son enfant, le jeune Gulita. La critique venait aussi de la part des étrangers qui ne se bornaient pas à admirer la puissance d'assimilation de ces bons Valaques ; et le précepteur suisse Kohly de Guggsberg recommandait une éducation moins servile, plus pénétrée du sens des réalités et plus utile aux besoins du pays.

Pendant ce temps, la France elle-même n'accordait aucun intérêt au peuple qui avait inspiré à l'abbé d'Hauterive des pages tout étincelantes d'originalité et d'esprit. On pourrait objecter qu'elle s'était repliée sur elle-même pour se refaire après ses malheurs. Mais la faute en était d'abord à ses représentants dans les Principautés, les consuls. Les premiers consuls de France ne furent établis, à Bucarest et à Jassy, qu'après les succès de la Révolution française, car la royauté avait refusé jusqu'au bout de nommer des agents dans les Principautés, malgré les avantages évidents qu'elles offraient au commerce, ces pays ayant un surplus de matières premières et la France pouvant envoyer vers le Danube des tissus de soie, des galons et d'autres fabrications de luxe. Les candidats qui s'offrirent au gouvernement de la République avaient des recommandations peu sérieuses, comme ce Constantin Stamaty dont il été question plus haut. Emile Gaudin, qui joua ensuite un rôle pendant le Directoire, fut plus heureux. Mais ni lui, ni ses successeurs n'étaient des personnalités assez distinguées pour recommander la France dans le pays. En outre ils n'avaient pas du tout la mission de s'intéresser aux conditions politiques dans lesquelles vivaient la Moldavie et la Valachie, de chercher à connaître les besoins et les vœux de ces provinces. Simples fonctionnaires, sans connaissances spéciales et d'une intelligence médiocre, ils se bornaient à défendre contre une administration souvent abusive leurs « Juifs français », nés en Gali-cie ou dans le Levant, et à faire dans leurs rapports le journal des événements, grands ou petits, qui se passaient sous leurs yeux. Quelquefois ces rapports gagnaient un intérêt particulier par des querelles de préséance ou d'autre nature, que ces représentants, dont le caractère s'était abaissé après la chute de Napoléon, avaient avec les agents du pouvoir. Il en fut ainsi jusqu'à l'avènement de Louis-Philippe. A ce moment, en 1830, des changements importants intervinrent dans les relations de la France avec les pays de la rive gauche du Danube. D'un côté, le traité d'Andrinople(1829) avait permis la libre exportation des grains roumains vers l'Occident ; les ports de Galatz et de Brada, délivrés de leur garnison turque, prirent bientôt un grand essor. Des vaisseaux grecs et autrichiens s'y rencontraient avec ceux qui portaient les pavillons de la Sardaigne, de l'Angleterre et de la France. Les ports du royaume y envoyaient déjà en 1830 quelques embarcations.

De l'autre côté, la France, relevée de ses ruines par le régime pacifique de ces Bourbons de la branche aînée qu'on venait de renverser, commençait à manifester un nouvel intérêt pour les grands problèmes politiques de l'Europe, dont faisaient partie les affaires d'Orient. Elle devait aller si loin dans la protection accordée à Méhémed-Ali, vice-roi d'Egypte, qu'une guerre générale fut sur le point d'éclater, guerre dans laquelle le parti de la bourgeoisie nourrie des souvenirs de la Révolution voyait la revanche nécessaire des anciennes défaites. Or, un gouvernement qui se mettait en peine, et d'une manière si sérieuse, pour l'Egypte, devait étendre bientôt son intérêt à la situation de la Turquie entière ; dans cette situation, l'essor national des Principautés formait un élément de troubles qu'on ne pouvait pas ignorer.

Déjà en 1832 Bois-le-Comte, plus tard ambassadeur en Suisse, fut chargé d'une mission en Orient, qui comportait aussi l'étude de la situation politique dans les Principautés. Il employa trois ans à recueillir ses renseignements. Il assure, fait d'un haut intérêt, que le vœu le plus chaleureux des boïars éclairés et patriotes est l'union des deux pays roumains sous un prince d'origine étrangère, qui ne fût ni autrichien, ni russe. Peut-être pensait-il à un des fils de Louis-Philippe, bien que rien de positif ne vienne à l'appui de cette hypothèse, conforme néanmoins à la politique de famille poursuivie avec persévérance par le roi des Français.

Telles étaient les circonstances au moment où, en 1839, les fonctions de consul général créées en 1834, furent confiées, après la retraite de l'honnête Cochelet, à un personnage[35] ambitieux et entreprenant, plein de confiance dans ses vues et dans ses talents, assez hardi pour combattre quiconque aurait voulu contrecarrer son action, Adolphe Billecocq, ancien agent en Suède et secrétaire d'ambassade à Constantinople. Dans cette société qui ne pouvait plus tolérer les abus de la Turquie, impuissante à la défendre, et qui redoutait les intentions de la Russie, dans ce monde façonné depuis une génération à la française, il voulut être le confident de toutes les aspirations, le conseiller de toutes les incertitudes, l'appui de tous les efforts vers un avenir de liberté et de nationalité.

Malgré les défauts de son tempérament, que l'âge devait exaspérer jusqu'aux fureurs les plus ridicules, il arriva un moment où il le fut. Il aimait le pays, où il avait pense même à se marier[36]; il en parlait la langue et il avait entretenu les relations les plus étroites avec tous ceux qui y jouèrent un rôle. Naturellement désireux d'étendre l'influence de sa nation, il ne voyait encore dans la Russie que la Puissance protectrice ayant des droits dont elle devait se prévaloir pour mettre fin aux exactions et aux abus. S'il fait semblant seulement de contester, dans un écrit rédigé en 1847, que le Tzar ait eu, à l'époque où fut rédigé le Règlement Organique, l'intention d'annexer les Principautés, auxquelles il entendait donner, avec le concours des meilleurs parmi les boïars, une vraie Constitution dans le sens occidental du mot, s'il écrit ces lignes simples et claires : « Aucune Puissance, dans des circonstances analogues, n'a donné un si noble exemple de générosité que celui offert par l'Empereur Nicolas, pendant la guerre de Turquie, dans ses larges et bienfaisants desseins en faveur des Principautés[37] et de leur avenir » ; s'il loue les nobles sentiments de « cet illustre monarque » et « la générosité de son caractère » ; si Kissélev est pour lui un « législateur, un organisateur à larges tendances et, en même temps, un administrateur économe, actif, poli et bienveillant », qui partit entouréde bénédictions après avoir accompli son œuvre bienfaisante, il estime en réalité que les choses ont marché mal sous une telle législation politique appropriée, il est vrai, pense-t-il, aux conditions spéciales du pays. La faute en est, d'après lui, aux princes indigènes. Alexandre Ghica, bien intentionné, montre de l'indécision et de la faiblesse. L'Assemblée, qui s'élève contre l'influence russe jugée trop absorbante, manque d'intelligence, de gratitude et de mesure. La Russie, en tout cas, a la responsabilité d'avoir donné comme successeurs au comte Kissélev des hommes nerveux et autoritaires, qui n'avaient pas le sens de la situation. L'opposition systématique faite au prince par Georges Bibesco et l'attitude peu amicale du nouveau consul russe, Dachkov, trouvent seules la désapprobation de Billecocq, qui reconnaît lui-même avoir été considéré comme le principal, le seul conseiller du Hospodar. La chute de Ghica lui paraissait un événement fâcheux, et l'élection de Bibesco, à laquelle il assista aux côtés du consul de Russie, un vrai malheur pour le pays, dont il devait annuler, par ses actes, la constitution[38]. Il n'aimait pas plus la jeunesse qui faisait ses études en Occident et dans laquelle il ne pouvait se décider à voir autre chose qu'une joyeuse bande « qui fait son tour d'Europe pour gagner les éperons de dandy et de lion, et nullement pour s'instruire sérieusement » ; quant aux intellectuels, ils n'étaient pour lui qu' « un essaim de soi-disant lettrés intelligents, puérils et vains », qui s'amusaient à pourchasser les caractères cyrilliques, à détester les étrangers, à parler de l'origine romaine et des exploits de Michel-le-Brave et à rêver d'indépendance. Le peuple roumain lui-même n'est, à son avis, qu'un de ces « peuples morts à toute idée d'ordre et de légalité, croupissant dans la misère de la plus grossière ignorance et sensibles à l'unique aiguillon de la force brutale ». Les relations du consul de France avec le prince au « type bohémien » devinrent si tendues que ce dernier s'en plaignit à Guizot, alors ministre des Affaires-Etrangères. Billecocq fut remplacé en février 1846. 11 fut question un moment de lui donner pour successeur Ferdinand de Lesseps, qui refusa ; on se décida enfin pour Doré de Nion[39].

Aussitôt Billecocq se mit à rédiger un factum d'une saveur très amère contre le prince dont il avait été l'adversaire et auquel il attribuait avec raison sa destitution. Déjà Bibesco lui-même s'était adressé à l'opinion publique, de France et d'ailleurs, en faisant rédiger par un confident, le docteur Piccolo, ancien censeur impérial russe à Bucarest[40], un écrit intitulé Paul Kissèlev et les Principautés de Moldavie et de Valachie, par un habitant de Valachie, et plus tard il fit imprimer un autre pamphlet, assez venimeux, De la situation de la Valachie sous l'administration d'Alexandre Ghica (Bruxelles 1842). Le factum de l'ancien consul, qui signait seulement par ses initiales, B. A.***, comprend les idées ci-dessus exposées et il finit par un appel chaleureux à l'intervention du ministère de Saint-Pétersbourg, « qui poursuit en Orient une pensée civilisatrice »[41].

Billecocq ne s'arrêta pas là dans son œuvre de rancune. Exaspéré par la fin de non-recevoir opposée à ses mémoires par ceux auxquels il s'était adressé pour obtenir satisfaction contre la mesure qui l'avait dépouillé de son poste, il arriva à se croire persécuté partout le monde ; il entreprit alors de raconter ses souffrances, réelles et imaginaires, dans deux gros volumes, pleins de lettres et d'autres pièces, qu'il intitula Le nostre prigioni. Cette fois il se donnait comme le plus grand ennemi de la politique russe en Orient et du protectorat ; il attribuait son remplacement à l'influence du Tzar qui, par le moyen de la princesse de Liéven, avait pesé sur la résolution de Guizot. Leverrier qualifiait cet immense factum de « questions de personnes terriblement insipides par le temps qui court ». Mais ce consul acariâtre et rancunier, qui représentait évidemment les intérêts de la famille rivale des Ghica, n'était pas l'homme qu'il fallait pour établir entre les siens et les Roumains, auxquels il reconnaissait cependant le rôle d' « avoir formé autrefois, avec les Polonais et les Hongrois, cette muraille d'airain qui préserva l'Occident de l'invasion mongole ou turque », cette liaison étroite qui aurait donné aux Principautés une garantie solide de leur avenir et à la France le seul allié fidèle et permanent qu'elle pouvait avoir en Orient, où elle entendait reprendre désor mais le grand rôle qu'elle y avait joué depuis François Ier. Au lieu de représenter cette littérature, cette vie française qui s'étaient acquis une situation prépondérante, grâce seulement à l'instinctif attachement des boïars du XVIIIe siècle et à l'introduction de la langue française dans le programme des écoles phanariotes, il se mêlait aux intrigues des boïars acharnés à se combattre pour pouvoir se remplacer dans les hautes dignités et sur ce siège de vassalité qui avait toutes les apparences d'un trône sans en avoir les plus hautes et les plus dignes préroga tives[42]. La colonie française ne pouvait pas malheureusement faire par elle-même ce qui devait être inauguré et poursuivi par l'initiative et l'activité de son chef le consul. Il y avait bien, parmi les soixante personnes qui la composaient, des hommes vraiment honnêtes et utiles au pays, comme ce docteur Tavernier, qui rendit de si grands services dans sa lutte contre le choléra en 1831, et qui devait être mêlé bientôt dans une intrigue politique qui finit par le détruire. Mais la plupart étaient attirés uniquement, d'après le témoignage de Billecocq lui-même, par « l'extrême modicité de la vie matérielle » à Bucarest et dans le pays entier, qui devenait par cet avantage « une sorte d'Eldorado à un tas de gens perdus de misère et d'ignominie ». Au moment où les Français déjà mentionnés donnaient une éducation saine et solide à la jeunesse moldave, où la comtesse de Grandpré, veuve d'un capitaine de vaisseau, fondait une bonne école de jeunes filles à Jassy, où l'ingénieur Condemnie commençait une grande exploitation de forêts sur les terres du boïar Stirbey, où enfin l'aide-de-camp des princes Ghica et Bibesco était un vicomte de Grammont, de traditions légitimistes et au teur d'un écrit destiné à défendre ses protecteur il y eut des « domestiques et cuisiniers français », des prêtres défroqués, des comédiens et des ouvriers, des polytechniciens détraqués et criminels, qui s'abattaient comme « instituteurs » sur ce « sol nourricier, où personne n'est mort de faim »[43]. Un faussaire, condamné comme tel, le comte Abrial, se cachait à Jassy sous le beau nom de M. de Saint André, et un M. de La Maisonfort, qui se disait « lieutenant-général du roi de Lahore », joua de son prestige en Orient avant de l'effrayer par ses crimes [44].

Dans cette petite société, ou il y avait tant de transfuges et de naufragés, le seul dont l'activité littéraire pût servir à rapprocher la France lointaine et ce pays latin du Danube, était Vaillant. Il commit la grave erreur de se laisser conquérir, sinon par la méprisable politique des partis de famille et de clique qui déchirait les deux Principautés, mais surtout la Valachie, au moins par ces sourdes agitations nationales qui troublaient les provinces chrétiennes du Sultan, préparant un avenir de liberté aux Grecs et aux Slaves. Les agissements des Bulgares à Braïla, où ils provoquèrent un vrai mouvement insurrectionnel destiné à leur fournir les moyens d'envahir la Dobrogea turque, les ambitions démesurées du vieux cnèze serbe exilé à Bucarest, Miloch Obrénovkch, les tendances conspiratrices de tel boïar remuant comme Michel Filipescu ou de quelques écrivains en mal de jouer un rôle politique, comme Eliad, finirent par le compromettre. Il dut quitter la Valachie, où il avait vécu et travaillé— lui et sa femme, directrice d'un établissement d'éducation pour les jeunes filles, — pendant de longues années. Il chercha vainement par trois fois à se faire pardonner sa faute en reparaissant à Bucarest[45]. En 1844, définitivement retiré à Paris, il y publia un écrit d'une grande importance pour populariser la cause roumaine : La Romanie. Il n'entendait pas y donner seulement une description de la principauté valaque, un résumé de son histoire, des notes d'ethnographie et de folkore, plus quelques anecdotes courantes, selon la recette, à très bon marché, de tous les touristes littéraires, mais bien renseigner le public français sur la vie entière de cette nation roumaine unitaire, dont la Valachie formait seulement un des territoires politiques. Il s'occupe aussi des Moldaves et, pour la première fois, des Roumains de Transylvanie, qu'il nomme, d'après le terme national servant à désigner ce pays d'esclavage, l'Ardeal, d'où Ardialiens (en roumain : Ardeleni). Il fut en outre le premier à lancer ce nom de Romanie, correspondant à notre Romania, pour désigner toutes les régions dont les habitants s'appellent Roumains (Romani) et nomment roumaine leur langue. La nouvelle école littéraire de Kogalniceanu, d'Alexandri, la génération enthousiaste des romantiques, rêvant de cette grande patrie libre qui n'avait pas encore été fondée, adopta cette dénomination, qui, du reste, était déjà employée officiellement pour la principauté de Valachie (România au lieu de Tara-Româneasca, Terra Romanica, l'ancienne dénomination historique) ; mais les Français, qui ne tenaient pas autant que ce bon Vaillant à rappeler l'origine romaine, latine, de la nation, en firent ce nom bâtard de Roumanie (basé peut-être cependant sur la prononciation populaire : Rumân, rumânesc) qui resta.

Il faut retenir ces deux faits : le premier écrivain étranger qui s'occupa de notre nation entière, reconnaissant son caractère unitaire et parfaitement uniforme, fut ce professeur de français à l' « école nationale de Saint-Sabbas », qui s'intitulait aussi, avec orgueil, « fondateur du collège interne de Bucuresci (sic) et professeur à l'école gratuite des filles » ; en second lieu, c'est lui qui risqua le premier ce nom de Roumanie qui devait avoir un avenir, celui d'hier, et en aura certainement un autre, plus grand encore, mais tout aussi légitime, celui de demain.

La Romanie est composée de trois volumes assez amples ; elle contient l'histoire ancienne et l'histoire moderne de la Dacie, des « Romains de la Dacie », la description pittoresque, parfaitement ressemblante, du territoire, et des considérations sur la langue ; une mention spéciale doit être faite de la partie qui concerne ces « Ardialiens », ces Roumains de Transylvanie, dont le sort était alors un sujet de réflexions mélancoliques pour les poètes et les penseurs, avant de devenir une des principales préoccupations des diplomates.

Vaillant admet résolument la continuité de l'élément roumain dans la Dacie, malgré l'évacuation purement administrative et militaire accomplie par ordre de l'empereur Aurélien, vers 270. Il apporte même en sa faveur des arguments nouveaux et qui n'ont pas été remarqués. « Nous avons perdu », dit-il à ses co-nationaux, « le Canada, la Louisiane, etc. ; mais la majeure partie de nos colons y sont encore. Pourquoi donc, parce que lés temps sont loin, vouloir qu'il en fût autrement aujourd'hui ? Le sentiment de la propriété n'était pas moins fort chez les colons d'un peuple conquérant que chez ceux des nations commerçantes de notre époque ». Il relève ce fait que les colons fixés par Trajan dans la Dacie étaient « des citoyens qui, victimes de la grande propriété et n'ayant plus depuis long temps dans leur mère patrie d'autre état que la misère, accouraient dans cette contrée comme dans un Eldorado » :

il aurait donc été bien difficile de les enlever à ce sol qui eut bientôt fait de les enrichir. Une argumentation tout aussi saine lui avait fait comprendre que ces bourgeois, ces colons, ces soldats retraités à qui le don d'une modeste propriété payait les efforts d'une vie entière, ne pouvaient pas devenir tout à coup « ces nomades », ces pauvres pâtres errants dans lesquels le slavisant Miklosich, voyait, il y a quelques dizaines d'années encore, la nation roumaine tout entière.

Un phénomène d'histoire est ici invoqué très à propos. Pendant les guerres livrées au XVIIIe et au XIXe siècles sur ce territoire entre les Turcs, d'un côté, les Russes et les Autrichiens, de l'autre, les boïars, les nobles, les marchands, les fonctionnaires, voire même le prince, se retirèrent, de la Valachie et de Moldavie, en Transylvanie ; mais, ajoute Vaillant, « le prolétaire les a-t-il suivis ? Non, pas un seul ; » et il appuie d'une critique serrée sa thèse, qui fait de ces Roumains de Transylvanie les descendants directs — il prétend même leur conserver la pureté du sang — des anciens colons venus d'Italie.

Lorsque, après les grandes migrations, les groupes de la population roumaine prirent un aspect définitif, chacun sur sa base géographique propre, Vaillant s'évertue à chercher dans la terminologie mythologique le nom de l'Ardeal ; ce nom, certainement emprunté aux Magyars, qui nommaient ainsi la province conquise par leur roi au-delà des forêts entre 1000 et 1100, il le dérive de Jupiter lui-même. Pour l'infiltration politique des Hongrois, il prête foi à d'anciens chants de guerre, cousus bout à bout et naïvement interprétés par un compilateur magyar, notaire du roi Bêla, qui vivait dans la seconde moitié du XIIIe siècle. Mais il n'admet guère la tendance de cette légende transformée tant bien que mal en chronique ; il observe que la race magyare, fameuse par sa cruauté sans exemple — Liudprand, l'évêque de Crémone contemporain de l'invasion, l'atteste aussi dans son Antapadosis, -- est représentée par le notaire « comme sage et douce », selon les conceptions, tardivement et grossièrement adoptées, de la religion chrétienne. Mais, tout de même, l'esclavage politique des Roumains de Transylvanie a commencé.

Comme tous les historiens jusqu'aux derniers temps, Vaillant admet que la première principauté roumaine, la Valachie, fut fondée par des réfugiés de Transylvanie chassés par le prosélytisme violent des rois catholiques de Hongrie, ennemis de la religion d'Orient. On sait aujourd'hui à quoi il faut s'en tenir : la Valachie fut créée par la réunion de différents cercles autonomes, administrés par des juges et des Voévodes ; loin d'avoir commencé sur le versant transylvain des Carpathes, elle arriva bientôt à réunir à sa nouvelle couronne des fiefs situés dans le Sud transylvain, les duchés de Fogaras et d'Almas, qui durent leur existence aux intérêts politiques des Angevins de Hongrie dans la seconde moitié du XIVe siècle.

Après la fondation des Principautés, Vaillant ne reviendra plus sur le sort de ces Roumains de Transylvanie ; il aurait dû à tout le moins y signaler l'existence et l'importance des deux classes principales : l'aristocratie, de confession catholique comme celle des maîtres, mais gardant pendant des siècles sa langue et ses coutumes, et le clergé, auquel les princes roumains du voisinage donnèrent des chefs religieux, des évêques, résidant dans leurs fiefs, apanages et châteaux de Transylvanie ; il aurait pu présenter la longue lutte sociale, et instinctivement nationale aussi, qu'ils soutinrent pour s'affranchir des abus et de l'oppression. L'auteur de la Romanie connaît seulement le grand mouvement de 1437 qui, après la défaite des paysans, amena la conclusion d'une ligue entre les privilégiés, qui s'unirent pour combattre les manifestations éventuelles du mécontentement de cette plèbe en grande partie roumaine. Il parle cependant largement du grand rôle joué dans l'histoire de la Hongrie et de la chrétienté entière par Jean de Hunyadi, qui était Valaque par son père aussi bien que par sa mère et qui, dans ses efforts réitérés à l'époque de la conquête turque à Constantinople, s'appuya sur l'organisation des deux principautés roumaines libres de Moldavie et de Valachie. « On s'étonnera peut-être », dit-il ailleurs, « en reconnaissant un Roman dans Jean Corvin, ce preux des preux, cette colonne inébranlable de la chrétienté. » Il croit même que ce régent de Hongrie, père du roi Mathias, était né « en Valaquie, au Banat de Craiova ». Il n'oublie pas de dire que Nicolas Olah, le grand archevêque de Gran et le principal représentant de l'esprit de la Renaissance en Hongrie, était Roumain, et il cite les termes d'un diplôme solennel qui redonnait sa nationalité.

La conquête d'une grande partie de la Transylvanie par Pierre Rares, prince de Moldavie à partir de 1529, trouve sa placé dans le récit. Il croit même que, en 1538, Rares, sur le point d'être attaqué par le Sultan, espéra l'investiture « de la principauté de Transylvanie de la part de Soliman-le-Magnifique ». En même temps, il signale les premières publications roumaines parues en Transylvanie, après 1560, sous l'impulsion de la Réforme religieuse.

Arrivant au grand prince valaque Michel-le-Brave, Vaillant interprète à sa juste valeur le traité qui fut imposé, en 1595, à ce prince et à son voisin de Moldavie par le prince magyar de Transylvanie, Sigismond Bathory, qui espérait, dans son infatuation, pouvoir maintenir ces deux pays dans sa dépendance. La conquête de la Transylvanie par Michel sur André, cousin et successeur de Sigismond, est racontée de la même manière que dans l'ouvrage roumain de Nicolas Balcescu, dont Vaillant fut un des professeurs. .« Il souffrait », dit-il, « de voir ses frères traités en serfs par les conquérants magyars et les étrangers saxons. » Maître des trois principautés, ce Michel avait assez de ce génie civilisateur qui sait conserver les conquêtes, pour constituer en royaume toute l'ancienne Dacie ». Lorsque la trahison des nobles hongrois de Transylvanie et les intrigues de la Cour de Vienne lui font perdre sa conquête, lorsque, réconcilié avec Rodolphe II et vainqueur de Sigismond, rappelé par les siens, il est traîtreusement tué par son camarade, Georges Basta, général aux gages de l'Empereur, Vaillant consacre les lignes suivantes à la mémoire du héros valaque, dont, à l'heure actuelle plus que jamais, le fantôme sanglant hante nos rêves d'avenir : « Ainsi périt à quarante-trois ans, victime d'un lâche assassinat, ce grand homme, qui n'a d'égal parmi ses concitoyens que Jean Corvin et Etienne-le-Grand, qui l'emporta sur le premier par la grandeur de ses vues et le patriotisme de son ambition. Les Ardialiens l'appellent encore leur roi Michel et l'Alexandre-le-Grand. Il avait rendu de trop grands services à l'Empereur pour ne pas être payé d'ingratitude... Michel eut à peine un regret. » Et il emprunte ces paroles à l'écrivain saxon Engel, qui rédigeait son histoire au commencement du XIXe siècle : « Jetons des lauriers sur la tombe de ce grand homme, car lui aussi a aidé à garantir l'Europe de la barbarie des Turcs. Que l'histoire conserve sa mémoire ! Qu'elle dise au monde ce qu'il sut faire de grand avec de si faibles moyens... Qu'elle fasse pressentir à l'Europe ce qu'elle peut attendre du peuple qu'il commandait » !

Arrivant ensuite aux deux grandes victoires qui, en 1603 et 1611, livrèrent la Transylvanie à Radu Serban, successeur de Michel, il croit que, sans une nouvelle trahison des Impériaux, ce prince « eût pu profiter de cette victoire qui faisait trembler la race dominante, afin de réveiller chez la race conquise le sentimentdela liberté et l'appeler à l'union..., d'autant plus facilement que les Romans étaient, alors comme aujourd'hui, les plus nombreux dans cette province ». Pour le XVIIIe siècle, sont mentionnées comme en passant la conquête de la Transylvanie par la Maison d'Autriche, et l'union des Roumains avec la confession catholique de l'Empereur. Celui-ci leur avait promis formellement le maintien de leurs droits nationaux ; mais, ils n'en bénéficièrent jamais, ayant été leurrés et exploités jusqu'aujourd'hui à chaque tournant de la politique autrichienne en Orient.

Vaillant attribue à la littérature roumaine de Transylvanie, fière de l'origine romaine de la nation, le nouvel essor enthousiaste qui saisit les Roumains au XIXe siècle. Il rappelle le rôle joué dans la tentative faite pour réformer l'enseignement roumain par « ce vertueux patriote d'Ardiale, M. Nicoresco » (1833). Ce dernier s'appelait de son vrai nom Moïse Nicoara ; originaire du Banat, il fut, avec Paul Iorgovici, qui visita le Paris de la Révolution, un des rares représentants de l'influence française outre-monts. Pour montrer la situation des Roumains transylvains, Vaillant cite ces lignes du grand publiciste Georges Baritz : « Il est un fait, c'est que la plupart des Romans d'Ardialie ne sont que des colons soumis à la noblesse ; mais il en est un autre, c'est que les Romans y sont au nombre de 1.200.000 (aujourd'hui plus de 4.000.000), tandis que toutes les autres populations ensemble, Hongrois, Szekler, Saxons, Allemands, y sont à peine 900.000. Qu'est-il donc d'étonnant que le servage pèse de préférence sur les plus nombreux? N'en est-il pas ainsi parmi les Magyars ? Que sont ces nombreux villages de serfs privés, comme les Romans, de droit politiques, obligés, comme eux, de travailler cent quatre jours et plus par an au sillon des propriétaires ? Que l'on cherche dans la patrie de long en large et que l'on me dise si ce n'est pas à la presse romane de défendre les serfs et leurs droitsd'homme, puisqu'ils n'en ont pas d'autres, non plus que les Romans... Il serait superflu de fouiller l'histoire et de lire les archives de la noblesse ; tout le monde sait que l'élite de la noblesse d'Ardialie, pour avoir changé de nom et de costume, n'est pas moins d'origine romane et que les persécutions religieuses sont la seule cause qui lui ont fait abjurer sa foi, oublier sa nationalité et renier son nom pour celui de Magyar. Vajda-Hunyad, Fogaras, le Zarand, Kœvar, le comté de Torda sont peuplés de familles nobles romanes qui ne parlent d'autre langue et ne reconnaissent d'autre nationalité que celles que leur ont léguées leurs pères. »

Il faut lire aussi les pages où Vaillant raconte son voyage à travers les deux Principautés ; il y fait parler un pâtre de Transylvanie, qui se plaint de la situation des siens, tout, en ayant foi dans un meilleur avenir. « Eh bien ! frère », lui demande notre écrivain : « puisque tu es Roman, ne verrais-tu pas avec plaisir la réunion des trois Principautés ? »

A la fin de ses études, dont le détail a très souvent une forte saveur de naïveté, il constate l'état d'esprit des Roumains en 1840 dans ces termes qui paraissent écrits d'hier : « Les Romans de la Dacie tendent à l'union ; les hommes d'étude et d'inspiration n'ont là d'autre but que de réunir leurs concitoyens par le souvenir d'une même origine et leur espoir de rattacher à l'aide du temps les diverses provinces qui constituaient jadis la Dacie trajane. Il y a en ceci une haute pensée de patriotisme, qui méritera sans doute l'approbation de tous les cœurs généreux. »

Peu de temps après l'apparition du livre de Vaillant, en 1846, un Roumain de Transylvanie, Auguste Trébonius Laurian (ou Lauriani), donnait un Coup d'œil sur l'histoire des Roumains, œuvre très exacte et utile, mais qui fut malheureusement trop peu répandue. Vers cette époque on lisait à Paris, avec l'intérêt que devait inspirer toute action romanesque située dans un pays lointain, un roman de la comtesse Dash, Michel le Moldave. Il est question dans ce récit d'un Michel Cantemir imaginaire, qui revenait de France, avec un ami français, pour réunir les membres du parti de l'indépendance roumaine et devenir, contre les Turcs aussi bien que contre les Polonais envahisseurs, roi de la Dacie unifiée. La comtesse avait passé quelque temps en Moldavie, où elle adopta l'orthodoxie pour devenir la femme de Grégoire Sturdza, fils du prince régnant ; puis les époux se séparèrent ; la jeune femme dut abandonner le pays, où elle essaya cependant de revenir. Sur ses vieux jours, Mme Dash aimait encore à se parer de la belle pelisse moldave que lui avait donnée son ancien mari. Des dessinateurs français traversèrent à cette époque les pays du Danube. Raffet accompagna le voyageur russe Démidoff; son crayon, habile à saisir les caractères distinctifs des vieux soldats de Napoléon, s'arrêta avec complaisance à esquisser les caravanes de paysans roumains traversant les plaines de Bessarabie, les pittoresques types des deux Principautés, les vastes plaines survolées de cigognes, les villes moldaves et va-laques, ressortant avec leurs nombreux petits clochers des vergers et des jardins, les danses naïves du peuple au milieu des foires bondées défoule, et jusqu'aux soldats de la nouvelle armée. Dans d'autres circonstances, que nous ne connaissons pas, Michel Bouquet, futur garde de la galerie du Louvre pendant la révolution de 1848, saisit les mêmes caractères de la nature et de la population roumaine, et il nous a laissé dans ses cahiers des documents d'une haute importance concernant les monuments et les costumes.

Mais celui qui connut mieux la terre et la société de ces pays, qui l'apprécia avec le plus de sens artistique, qui l'aima avec le plus de sincérité et de fidélité, qui mit le plus d'empressement à servir une nation qui avait besoin du concours continuel de tous ses amis, fut Charles Doussault.

Il était venu à Bucarest un peu après 1830, sans qu'on puisse connaître le but de son arrivée. Les nouveauxboïars ne lui disaient rien, sous leurs masques empruntés à l'Occident. Mais, lorsqu'il aperçut les petites églises des faubourgs, avec leurs cimetières ornés de croix sculptées et leurs vieux acacias sous lesquels le prêtre patriarcal apprenait à lire et à écrire aux petits enfants nu-pieds, lorsqu'il lui fut permis d'entrer dans les vastes cours encombrées de marmaille et de volaille, de gravir les escaliers noirs de vieux bois branlant, d'embrasser du haut des balcons aux colonnes délicatement fouillées, le paysage poudré de fleurs blanches au printemps, de prendre part aux soirées où quelque maître de danse en pelisse orientale enseignait son art à de gros garçons gênés et à de belles filles rieuses qui feignaient d'ignorer la présence de l'étranger, il fut saisi, comme artiste, d'un étrange plaisir, et il se prit à noter les différents aspects d'un patriarcalismeaussi riant, de ce monde simple et bon, qu'il appréciait plus que la meilleure société du pays. Allant plus loin, il découvrit des villages d'une originalité charmante sous leurs toits de chaume autour de la fontaine rustique où les jeunes filles venaient puiser, comme aux jours bénis de la Bible, et il entendit l'écho prolongé de ses pas dans les sanctuaires des anciens monastères, où il déchiffrait les inscriptions, tout en copiant, d'une main sûre, les fresques.

« Les églises en Roumanie », dit-il, « sont les seuls monuments qui puissent fixer l'attention de l'artiste et de l'archéologue ; elles sont nombreuses, et quelques-unes peuvent rivaliser avec les plus célèbres productions de l'art grec et byzantin des plus belles époques. Cet art de Bas-Empire revêt dans les Principautés Danubiennes un caractère élégant tout à fait inconnu en Europe, où les artistes et les savants vont bien loin chercher de nouvelles inspirations si difficiles à rencontrer, même sur les bords du Gange ou du Mississipi[46]. »

Ses souvenirs, très précis, parce que le sentiment le plus pur les avait gravés dans sa mémoire, méritaient d'être fixés autrement que par l'image ; s'ils avaient été publiés comme illustration de ses belles esquises[47], ils auraient ajouté le témoignage de l'art à l'éloquent exposé des droits d'un peuple avide de liberté ; mais il fallut d'abord que la révolution de 1848 créât un nouveau lien, plus étroit, entre les Principautés et la France[48].

Il faut ajouter cependant que les dessins de Doussault avaient paru séparément dès 1847 chez les éditeurs parisiens Vibert et GoupiL[49] et que Billecocq avait demandé à Jules Janin de faire une préface pour l'édition populaire qu'il projetait[50].

En 1847 déjà, le nombre des étudiants roumains à Paris était si grand qu'ils s'organisèrent dans une société d'éducation et de lecture nationales. La « Bibliothèque Roumaine », installée au numéro 3 de la place de la Sorbonne, chez un de ces jeunes gens, Varnav, comprenait dans son programme des réunions du samedi, dans lesquelles on lisait des pages de l'histoire des Roumains. Un de ses membres, le frère de Michel Kogalniceanu, écrivait ce qui suit : « Bien que les jeunes Roumains se trouvent loin de leur pays, ils ne l'oublient pas un seul moment et ils cherchent à resserrer le plus possible leur fraternité, autant ici même que dans le pays quand ils y retourneront. » Et, plus loin, ce passage empreint de sagesse : « A Paris, nous ne sommes pas venus seulement pour apprendre à parler le français comme un Français, mais pour emprunter aussi les idées et les choses utiles d'une nation aussi éclairée et aussi libre[51]. » Une dame Greceanu, dont le fils venait de mourir, constitue une rente en faveur de la « Bibliothèque »[52].

CHAPITRE X

La Révolution de 1848 et les émigrés.

La Révolution de février eut après quelques mois un écho à Jassy et à Bucarest. Si dans la capitale moldave on se borna, sous la conduite de Kogalniceanu et de ce Basile Alexandri, dans lequel Billecocq voyait seulement un « boïar de la Moldavie », prêt cependant à déclarer solennellement qu'il est « Français de cœur et adore la France comme sa propre patrie », à demander l'observation exacte du Règlement Organique contre les abus du prince Michel Sturdza, il y eut dans la capitale valaque un attentat contre le prince Bibesco, des démonstrations violentes, une insurrection formelle et, à la suite de tous ces troubles, un régime républicain qui dura jusqu'au mois de septembre.

Un des chefs de cette République, professeur respecté et écrivain de réputation, fut Eliad, qui jouissait d'une certaine popularité au milieu d'une bourgeoisie naissante; mais la plupart des coryphées appartenaient à la jeunesse qui avait fait ses études à Paris. Certains d'entre eux quittèrent même les bancs de l'Ecole de droit pour lever à Bucarest le drapeau tricolore de la liberté : c'étaient C. A. Rosetti, déjà connu comme poète, les frères Bratianu (Bratiano), Démètre et Jean, et quelques autres « Parisiens » d'éducation[53].

D'ailleurs ces novateurs ne s'entendaient guère. Eliad aurait voulu diriger en dictateur ce mouvement qui aurait ajouté des institutions libérales à l'ancienne société presque absolument maintenue. D'autres professaient les idées révolutionnaires qui avaient triomphé en février. Un Nicolas Balcescu, historien de grand renom, un Jean Ionescu, ancien élève de l'école d'agriculture de Grignon, représentaient une nuance de la révolution qui visait à transformer l'ordre social ; d'autres ambitionnaient plutôt le rôle de libéraux républicains. Une Commission de la propriété, qui contenait aussi un certain nombre de paysans, fournit seulement l'occasion de faire entendre aux privilégiés les doléances, éloquemment exprimées, de la classe laborieuse, qui offrait de racheter sa liberté ; les séances, présidées par Ionescu, furent closes peu après.

Comme la Russie, contre le régime consulaire de laquelle le mouvement était dirigé, sommait le suzerain turc de faire son devoir contre les rebelles, les membres du gouvernement provisoire, qui avaient emprunté leur titre aux chefs de la révolution parisienne, agirent à Constantinople même, auprès du général Aupick, ambassadeur de France ; ils lui demandèrent son appui contre les ennemis des libertés publiques et des droits nationaux. La fameuse déclaration de Lamartine avait présenté la France démocratique comme l'alliée naturelle de tous les soulèvements populaires qui invoquaient le droit des nations à une vie indépendante ; les Roumains implorèrent sa protection pour leur cause : ils n'obtinrent du grand poète, qui avait dû abdiquer tout pouvoir, que des assurances de sympathie et des mots vagues d'espérance[54].

Bientôt aux Moldaves qui avaient échappé aux mains de leurs princes, trop pratiques pour se laisser surprendre par les événements, s'unirent dans un exil commun leurs frères de Valachie, qui, pris par les Turcs de Soliman-Pacha, avaient été embarqués sur des bateaux de transport et déposés sur la rive hongroise. Ainsi se forma à Paris un groupe d'émigrés « moldo-valaques » — le terme avait été mis en circulation par Billecocq, — dont tous les efforts furent consacrés à faire connaître leur cause nationale.

Il est vraiment étonnant que des jeunes gens, disposant à peine des moyens nécessaires à l'existence et n'ayant auparavant d'autres relations qu'avec quelques camarades d'école et avec certains de leurs professeurs, eussent pu se gagner si facilement dans tous les cercles de la société française, éprise de liberté et de nationalisme, des sympathies et, ce qui est plus, un appui réel et constant. Il serait malaisé, avec les documents dont on dispose aujourd'hui, de retrouver le fil de ces attaches, nombreuses et variées. On pourrait cependant fixer des catégories dans les groupes qui se formèrent à Paris.

Eliad vivait à part, entouré de quelques fidèles ; parmi les plus importants de ses amis, on compte un Tell, membre du gouvernement provisoire, et Georges Magheru, commandant des troupes de l'Olténie; un d'eux, Nicolas Rousso (Lacusteanu), publia un Supplément à l'ouvrage, dont il sera question plus bas, d'Elias Regnault. Perdu de plus en plus dans les nuages de l'admiration qu'il avait de soi, résumant en sa propre personne ambitieuse et soupçonneuse le passé et le présent de la cause révolutionnaire, portant à son propre compte toute la lutte contre le Tzar et dénonçant comme suppôts du tyran les jeunes gens rebelles à son autorité. Eliad publiait en français des livres assez bien écrits, dans le jargon spécial, si plein d'emphase, du romantisme politique : Le protectorat du Czar ou la Roumanie et la Russie (1850), Mémoires d'un proscrit, etc. ; — mais ils étaient lus plutôt par ses adversaires indigènes que par les amis de la révolution valaque.

Nicolas Balcescu (Balcesco), après avoir passé quelque temps en Transylvanie, essayant au nom du libéralisme international d'un compromis entre Hongrois et Roumains, était venu aussi échouer à Paris, où il cherchait des matériaux pour son Histoire de Michel-le-Brave. Il y publia un ancien mémoire, rédigé pour la Porte sur la question paysanne, opuscule sérieux et solide qui porte le titre de Question économique des Principautés danubiennes. Des renseignements supplémentaires furent fournis par un des frères Golescu, Alexandre, dans un écrit d'une moindre importance. Les deux ouvrages trouvèrent un bon accueil auprès de la presse parisienne, à cause de l'intérêt lié au sujet lui-même.

Il faut rapprocher de la noble figure de Balcescu celle de Constantin Filipescu, qui, après avoir publié un Mémoire sur les conditions d'existence des Principautés danubiennes, s'éteignait à Paris, à peine âgé de quarante-sept ans, au mois de juin 1854[55]. Mais Eliad devait se rendre un peu plus tard en Turquie pour être plus près des cercles par lesquels il entendait recouvrer le pouvoir perdu lors de la catastrophe subie par la Révolution ; quant à Balcescu, une maladie de poitrine l'envoya d'abord dans le Midi, puis à Constantinople et enfin à Naples., où il succomba, avec le regret cuisant de n'avoir pu rentrer dans sa patrie. Jean Ghica devint bey de Samos, gouverneur au nom du Sultan de cette île hélénique, et, s'il publia à Paris, sous le pseudonyme de Chainoi, un écrit sur la « dernière occupation russe », il ne chercha guère à s'attirer des partisans. . Tout autre fut la ligne de conduite des « Parisiens », des anciens étudiants valaques mêlés au mouvement révolutionnaire. Rosetti, les frères Bratianu, les Golescu, Voinescu formèrent un groupe à part, qui n'avait qu'un souci : délivrer leur pays de la tyrannie des « protecteurs », reprendre l'œuvre révolutionnaire sans y rien changer, refaire la république démocratique de 1848, avec le concours de la Turquie, s'il le fallait, mais contre l'Autriche aussi bien que contre la Russie. Tout en publiant en leur langue une revue minuscule intitulée la République roumaine, et des pamphlets destinés à entretenir dans la patrie lointaine la foi dans une victoire finale des idées de régénération, ils pensaient aussi au public français. Démètre Bratianu publiait un des meilleurs mémoires qui aient été écrits en français sur la question des Roumains de Transylvanie, dans ses Lettres hongro-valaques, et l'étude de son frère Jean sur l'Autriche et les Principautés est de tout point remarquable. Jean Balaceanu donnait àla publication française, éditée à Bruxelles, du parti de l'Union des Principautés, des articles cinglants contre cette même Cour de Vienne auprès de laquelle il devait servir plus tard, pendant de longues années, la politique de Charles Ier.

A côté de cette propagande par les Roumains au milieu du public français, il y en eut un autre, beaucoup plus active et ayant un plus puissant écho : celle des écrivains philo-roumains. Lamartine avait accepté déjà avant 1848 la présidence de la société des étudiants « moldo-valaques ». Edgar Quinet avait épousé la fille de l'écrivain moldave Georges Asachi, veuve d'un Mourousi. Asachi même s'était décidé à publier en français et en roumain sa revue le Glaneur, à la direction de laquelle il s'était associé un Français, Gallice, appelé à Jassy, à ce qu'il paraît, comme professeur. Déjà en 1843, la Revue Indépendante donnait un article d'Elias Regnault, Français élevé en Angleterre et traducteur de Thomas Carlyle, qui réclamait pour les provinces danubiennes un peu de l'attention qu'on accordait si libéralement à l'Egypte de Méhémed-Ali, et il rappelait l'origine latine des Roumains, le sang celte qu'ils avaient par des infiltrations arrivées jusqu'au Danube inférieur, la participation des chevaliers de France à côté des boïars du prince Mircea, en 1396, à Nicopolis. Ému par les souffrances et le courage de Mme Rosetti, Anglaise et Française d'origine (elle était née Grant), Michelet lui-même avait revêtu dans les plus impressionnants atours de son style la légende du passé roumain et le récit des événements 1848. L'Illustration avait accepté en 1848 la publication de l'Album moldo-valaque, et le tirage à part trouva un si bon accueil qu'il fallut mettre sous presse une seconde édition.

Les émigrés et leurs amis de France étaient trop peu nombreux pour essayer même de provoquer des événements dans le sens de leurs désirs.

Ces événements venaient cependant d'eux-mêmes. Ce ne fut pas Napoléon III, à peine établi sur son trône, qui eut l'idée de susciter la querelle des moines de Jérusalem entre Latins et Grecs ; ce ne fut pas lui qui essaya le premier d'en tirer un profit politique aux dépens du Tzar, qui rêvait déjà de s'assurer la protection des Gréco-Slaves vivant dans l'Empire du Sultan, et ce ne fut pas sa faute si l'occupation des Principautés, la catastrophe de la flotte turque à Sinope et enfin les paroles blessantes de Nicolas Ier à l'adresse du premier Napoléon rendirent inévitable une guerre qui devait changer la face de l'Orient. Aussitôt qu'elle commença, les radicaux-roumains, ennemis, par principe, de la Russie, commencèrent à s'agiter plus énergiquement. Comme le but des efforts faits par la France et l'Angleterre était de restituer la Turquie dans son ancienne liberté, de reprendre aux Russes la domination qu'ils avaient gagnée aux bouches du Danube, d'annuler leur protectorat sur les Principautés et de fonder sur leur frontière occidentale un état de choses capable d'arrêter leur avance vers Constantinople, les émigrés devenaient déjà les informateurs et les conseillers les plus indispensables des publicistes aussi bien que des diplomates. Ils comprirent leur mission et surent la remplir. Ce fut à cette époque que parurent les principales brochures des émigrés[56] : la presse s'en occupa avec un intérêt d'autant plus vif qu'il était plus nouveau. Les plus grands journaux acceptèrent leur collaboration ou laissèrent au moins pénétrer leurs idées. Une alliance étroite en résulta bientôt entre les jeunes représentants des idées nationales et libérales en France et les proscrits, qui n'en étaient déjà plus à considérer le pauvre Billecocq comme le seul écrivain capable parler en leur faveur.

Quinet, auquel, au commencement de l'année 1857, les Roumains offrirent les moyens de publier ses Œuvres complètes, donna une nouvelle édition de son livre sur le passé et les aspirations de cette nation, dans laquelle il avait recueilli laborieusement les renseignements, plus ou moins exacts, que lui avait fournis son beau-père, les assaisonnant à sa manière, dans un style fatigant par la permanence de son emphase. L'ouvrage, très apprécié en Moldavie et en Valachie, eut deux traductions, dont celle par Asachi, avait été dûment expurgée ; il ne resta pas sans influence sur l'opinion publique, bien qu'il ne contienne ni faits nouveaux, ni conceptions personnelles.

L'ouvrage d'Elias Regnault est d'une information plus sérieuse et d'une originalité de beaucoup supérieure. Cette Histoire politique et sociale des Principautés, qui trouva aussitôt un traducteur, à Jassy, s'appuie sur une utilisation diligente de nombreuses sources dont l'auteur sait tirer l'essentiel. L'administration des princes qui se succédèrent sous le régime du Règlement Organique y est exposée, avec des révélations crues et des jugements impitoyables, d'après les écrits de Billecocq et probablement aussi d'après des rapports diplomatiques communiqués par ce dernier. Bibesco y apparaît comme un ennemi de son propre pays. Quant aux coryphées de la Révolution, si les jeunes sont présentés avec une légère nuance de satire, comme « un peu trop parisiens », Eliad est critiqué vivement pour ses « défauts de tempérament », son esprit soupçonneux, sa manie de ne voir que des traîtres dans ceux qui ne partageaient pas ses opinions, sa fatuité de s'ériger en adversaire personnel du Tzar. Les princes Stirbey et Grégoire Ghica, nommés après la fin des troubles et la signature de la convention de Balta-Liman, y font, surtout le premier, assez mauvaise figure.

Quant aux solutions, Regnault démontre l'inévitable catastrophe turque, la nécessité de remplacer cet Etat moribond par une autre formation politique, si on ne veut pas céder les régions qui appartiennent au Sultan à un rival beaucoup plus puissant et plus durable, le grand rôle qui revient aux Roumains dont l'existence même en Orient est une « bonne fortune » inattendue pour la latinité. Les réunir dans un royaume, une principauté, un duché sur le Danube ne serait pas ce qu'il faut pour créer un état de choses définitif. Tous les Roumains, ceux des Principautés aussi bien que leurs congénères, de Transylvanie, du Banat, de la Bucovine, de la Bessarabie, doivent former un Empire de 10.000.000 d'habitants, qui, au lieu d'être protégé par une

Europe toujours tardive à l'appel, formerait lui-même une digue protectrice à cette Europe menacée par l'avance fatale des peuples de la steppe orientale.

Il est vrai que certaines conceptions de l'auteur furent abandonnées bientôt sous les influences qu'on devine. Non seulement la manière dont Régnault envisageait les événements de la révolution de 1848, mais aussi la solution dernière qu'il proposait furent changées par la propagande d'Eliad. Régnault en arriva à désirer uniquement — pour ne pas blesser à mort la Turquie — la création d'une seule principauté sous la suzeraineté du Sultan.

Pour être tant soit peu complet, il faudrait citer toute une série d'opuscules et d'articles destinés à soutenir cette cause des Principautés. Hippolyte Desprez avait écrit sur les révolutions de Hongrie et sur la Valachie elle-même (La Moldo- Valachie et le Mouvement Roumain, dans la Revue des Deux-Mondes, 1er janvier 1848), signalant le caractère « quasi-français » de la ville de Bucarest, le beau costume des paysans, l'accueil affable fait à tout voyageur français, l'importance réelle de l'histoire et de la littérature naissante des Romains. Bataillard, républicain acharné, ennemi irréconciliable du régime napoléonien, devint un vrai camarade des représentants roumains de la cause de l'Union ; il pensait venir, en 1847, avec Balcescu, dans les Principautés pour y faire son enquête personnelle ; il fréquentait la « Bibliothèque Roumaine », et, « se sentant Roumain dans le cœur », il publiait dans le National et la Revue de Paris (année 1856) des articles dont l'un blessa profondément l'âme sensible du prince Grégoire Ghica, dont la fin tragique était déjà proche. Léon Plée traitait, dans le Siècle (du 3 mars 1858) la (Question des Principautés devant l'Europe il y en a aussi une très rare édition roumaine). Sous le pseudonyme « Un paysan du Danube », Taxile Delord, le futur historien de Napoléon III et, à ce moment rédacteur au même Siècle et au Charivari, attaquait dans l'Étoile du Danube, qui paraissait à Bruxelles, avec Nicolas Ionescu comme seul rédacteur, les Puissances qui s'opposaient à l'union des Principautés ; c'est, à savoir : la Turquie, bien entendu, l'Angleterre protectrice de la Turquie, et l'Autriche, qui redoutait les agissements en Transylvanie et qui convoitait le cours inférieur du Danube. Le Journal des Débats, en 1857, était d'avis que la création d'un « royaume de Moldo-Valachie » était une nécessité européenne et il flétrissait dans ces termes ironiques les abus commis par l'armée d'occupation autrichienne : « L'Autrichien vous demande poliment votre lit, votre feu, votre pain, votre vin, votre drap, vos bœufs, vos moutons, vos vaches, vos chevaux, votre laine, vôtre lin, votre huile, et, pour peu que vous fassiez part de temps en temps au soldat de vos petites économies, il vous laisse le reste ; de quoi vous plaignez-vous ? » Le poète Edouard Grenier, secrétaire de Grégoire Ghica, lai dédiait ses vers, et l'on a conservé sa correspondance avec Basile Alexandri. Le vieux Vaillant lui-même, qui se consacrait alors à l'étude des Bohémiens ou Tziganes, se levait pour dire des vérités cruelles aux partisans du séparatisme moldave[57] . Un avocat à la Cour de Cassation et au Conseil d'Etat, Thibault

Lefebvre, écrivait toute une dissertation, Situation diplomatique des Principautés à l'égard des Puissances européennes, pour prouver que les capitulations ne peuvent s'appliquer aux pays roumains qui n'ont jamais fait partie intégrante de l'Empire Ottoman. Enfin Doussault rafraîchissait ses souvenirs dans l'Illustration, et la même revue accueillait les récits d'un voyage fait par Camille Allard dans la Dobrogea, qui mentionnaient plus d'une fois les Roumains. Hommaire de Hell, ingénieur qui fit le voyage de Perse, a publié même dans cette revue des impressions moldaves illustrées par son camarade de route ; le texte et les illustrations vraiment remarquables. Poujade, ancien consul en Valachie et mari d'une Ghica, demanda l'Union des Principautés dans la Revue Contemporaine (15 décembre 1857). Rares étaient les voix qui parlaient pour la Turquie, comme celle de H. Lamarche (l'Europe et la Russie, remarques sur la paix de Paris), auteur d'un projet de confédération ottomane, ou pour le prince Bibesco (Amédée de Géséna dans le Constitutionnel), ou pour le caïmacam Nicolas Vogoridès, qui se faisait appeler Conachi, nom qui appartenait au père de sa femme ; c'était un grand et riche boïar et un poète estimé, qui ambitionnait le trône de Moldavie.

À Bucarest même se trouvait un Français, Félix Colson[58] , qui entreprit d'exposer, en un opuscule écrit dans sa propre langue, les droits des Roumains à l'encontre de la Turquie envahissante. Pour se défendre contre des empiètements plus anciens de la part de cette Puissance suzeraine, des boïars valaques avaient présenté, dès 1770, aux conférences de paix russo-turques, de prétendus traités découverts par le poète Jean Vacarescu dans les archives de la Porte et par lesquels était réglée la situation de la Valachie envers la Porte ; au commencement du siècle, Démètre Cantemir avait fabriqué lui aussi, dans le but d'imposer aux Russes, les nouveaux protecteurs qu'il avait choisis, les clauses les plus favorables à l'autonomie moldave, un « traité » semblable, conclu entre le prince Bogdan, fils d'Étienne-le-Grand, et le Sultan. Il est regrettable que la chaleureuse prédication de Golson s'appuie sur des actes faux, qui furent tenus d'ailleurs à cette époque pour absolument authentiques ; son ouvrage n'en contient pas moins de précieux renseignements sur les Principautés.

Dans ces Principautés mêmes, les salons aussi bien que les écoles, les vieux boïars conservateurs ainsi que la jeunesse qui s'éveillait animée par désir de liberté nationale qui avait jeté au-delà des frontières leurs aînés, restaient soumis à l'influence française, malgré la surveillance du consulat russe restauré. Les pensionnats français continuaient à être la seule pépinière pour les jeunes gens appartenant à la noblesse ; vers la fin de son administration, Georges Bibesco s'était même proposé de « franciser » l'école secondaire, la soumettant — à la grande indignation, pourtant bien légitime, des partisans de l'enseignement national —, aux inspecteurs du roi qui allaient contrôler les institutions scolaires du Levant. Les manuels étaient rédigés d'après des modèles français. Dans le même temps, des professeurs, Aaron et Hill, donnaient un dictionnaire français-roumain, auquel répondait en Moldavie le dictionnaire roumainfrançais d'un journaliste studieux Théodore Codrescu. La littérature parisienne des romans à la mode, de George Sand à Sue et à Ponson de Terrail, passait en main, par le labeur acharné de toute une série ,1e traducteurs, parmi lesquels figurent aussi des femmes. Mais on n'oubliait pas non plus les ouvrages classiques, car on donnait une version du Charles XII de Voltaire et du Télémaque, non plus que les ouvrages d'histoire, comme l'Histoire de la civilisation par Guizot. Bucarest surtout se montra très féconde dans cette œuvre destinée à donner à un public encore très peu formé, non seulement une lecture agréable et attachante, mais, parmi des éphémères produits du jour, aussi des enseignements utiles tirés des meilleures sources.

Peu à peu la grande distance qui séparait les deux pays semblait disparaître pour une société entière, nourrie, sans doute, de ses traditions nationales, mais presqu'au même titre de l'esprit de la France. Citons-en une preuve. « Dans une liste de souscription en faveur des inondés de France », un collaborateur de l'Étoile du Danube écrit en 1857 (page 67) : « je trouve la somme de huit ducats d'Autriche et un quart de ducat provenantdes pauvres villageois de deux petits villages, Hiliseul et Liveni, qui se sont cotisés pour venir en aide, disent-ils, à leurs frères de France .»

Pour renseigner cette grande France lointaine sur le caractère national des Roumains d'après les formes durables et supérieures de la littérature, on pensait à publier un recueil contenant des écrits de tout genre. La même feuille, publiée à Bruxelles, contenait, dans une correspondance de Bucarest, datée 5 janvier 1857, la notice suivante : « Un travail d'une grande importance, qui doit réunir les intelligences des deux Principautés, c'est la collection des documents pour servir à l'histoire des Roumains. Sous ce titre, on va réunir, traduire en français et publier nos historiens, nos chroniqueurs, nos codes, les rè-. glements organiques annotés, un choix de nos meilleurs poètes, en un mot tout ce qui est propre à faire voir au monde que les Roumains des Principautés danubiennes offrent tous les éléments qui constituent une nation ».

Ce recueil ne parut jamais ; les écrivains roumains se trouvaient pour la plupart loin de leurs frontières, occupés d'une propagande nationale qui leur prenait tout le temps. Mais, pendant ce séjour en exil des principaux représentants de l'intellectualité roumaine, le public français eut au moins des éditions françaises des meilleures pièces d'Alexandri et de Bolintineanu ; ce dernier osa donner lui-même une version, médiocre, du reste, comme on pouvait s'y attendre, de ses Brises d'Orient. Ces produits d'un romantisme dirigé vers d'autres cieux furent assez remarqués dans le monde littéraire. César Boliac, qui avait publié un opuscule français sur la Roumanie, préface au récit de ses aventures révolutionnaires, et une nouvelle sur Théodore

Vladimirescu, chef du mouvement de 1821, trouva lui aussi un traducteur dans la personne d'un certain Ferrand. La fille du Ban valaque Michel Ghica, Hélène mariée pendant quelques années au prince russe Koltzov-Massalski, parlait avec la même compétence, qui était réelle, des souvenirs de Marathon et du tombeau de Dante, des articles très bien accueillis par les périodiques de Paris, et il lui arriva même une fois, à cette exilée qui consacra trois gros volumes à la Suisse allemande, de dé-crire les beaux paysages d'une douceur pastorale qui s'étendent sur les rives du Danube

La Société orientale de Paris, qui comptait parmi ses membres un Garcin de Tassy, un Victor Langlois, avait songé à confier à son vice-président, Audiffred, une mission en Valachie ; elle lui recommandait, en mai 1856, d'étudier spécialement les Tziganes, le vallum de Trajan et les monnaies[59]. N'oublions pas Lejean, qui parle même dans son voyage en Albanie des observations géologiques faites du côté de Piatra[60].Depuis longtemps déjà des « fragments » de chroniques moldaves avaient été traduits dans la même langue et publiés par Michel Kogalniceanu, ou « de Kogalnitschan », dans deux élégantes brochures parues à Berlin.

En1855, la Revue d'Orient publiait[61]une étude sur « les ballades et chants populaires de la Roumanie ». L'auteur, qui mentionnait les principaux écrivains de la « Roumanie » rêvée et était l'ami de Basile Alexandri, s'appelait Ubicini.

Il appartenait à une famille bourgeoise d'origine lombarde. Né en France, il fut élevé dans le Midi et au bout de ses études il obtient une chaire de rhétorique. Un voyage en Orient lui fit «connaître la Turquie, à ce moment de crise. On connaît la série des beaux ouvrages consacrés par lui à l'Empire ottoman, qui prétendait s'inspirer des conceptions politiques de l'Occident pour renaître a une vie historique active : on ne peut pas trouver un meilleur guide, pour cette époque du Tanzimat, que dans ses Lettres sur la Turquie, dans sa Turquie nouvelle et d'autres écrits, jusqu'à celui où il expliquait en 1877, la constitution ridicule du visionnaire Midhat-Pacha, dans laquelle il s'obstinait à voir un instrument de progrès.

Il fut, assure son biographe, secrétaire du gouvernement provisoire et de la lieutenance princière de Valachie en 1848. Son rôle fut, en tout cas, très modeste dans ces semaines de convulsions politiques qui ne devaient pas produire un nouvel état de choses. Mais ce séjour à Bucarest lia pour toujours ce jeune homme, curieux des choses d'Orient et amoureux de lointaine latinité pittoresque, à l'œuvre ardue de la régénération roumaine.

Dans une lettre inédite à Kogalniceanu, — il continua à être l'intime ami de cet Alexandri, qui n'était pas pour lui, comme pour Billecocq, un simple « boïar moldave » —, il se déclarait Roumain d'âme, regrettant seulement de ne pas connaître la langue du peuple au développement duquel il s'intéressait si chaleureusement. Son discours à l'enterrement de J. J, Voinescu, un des représentants de l'émigration valaque, est un chef-d'œuvre de sentiment : il parle en termes émus de celui qui ne devait plus revoir son pays parce qu'il lavait aimé plus que tout autre, et il prophétise le prochain retour des exilés sous l'égide de la France. Ubicini préparait à ce moment, sur la base de l'ouvrage français de son prédécesseur moldave, une nouvelle histoire des Principautés, qu'il avait l'intention de conduire à travers les événements extraordinaires dont il venait d'être témoin. Encouragé et aidé, sans doute, par Kogalniceanu, il termina bientôt cet ouvrage, qui parut dans l'Univers pittoresque et contribua essentiellement à taire connaître la cause des Moldo-Valaques.

C'est un bon résumé très bien ordonné et d'un style limpide et vivace. De très belles gravures l'accompagnent, représentant la ville de Harsova, dans la Dobrogea turque, ou bien telle colonnade, reste du palais des princes, à Campulung.

L'information est vaste et variée, l'auteur avant connu tous les écrits français des émigré» et même, d'une manière directe, une partie des source» étrangères ; il est en état d'employer le livre grec de Photinos, et l'on trouve même l'indication d'un travail inédit dû à Voinescu ; pas on des voyages récents faits par les Français en Valachie ne lui échappe, et il fera même des emprunts à la description, si superficielle cependant, d'un certain Stanislas Bellanger Voyage en Moldo-Valachie en deux volumes). La partie consacrée aux relations des Principautés avec la Turquie à l'époque moderne est traitée de main de maître, telle qu'on pouvait l'attendre de celui qui a écrit les Lettres sur la Turquie. Un noble sens d'impartialité lui fait rejeter pour l'époque du Règlement Organique les calomnies que les différents partis se jetaient à la tête. Mais, à la suite de Colson, Ubicini est franchement anti-russe, et il n'épargne guère ceux qui, comme Stirbey, devaient leur situation à l'appui de la Puissance protectrice. Pour la révolution de 1848, qui a toutes ses sympathies, il est un témoin oculaire. Il finit en affirmant qu'il n'y a pour les Roumains qu'une seule question sociale : celle des paysans et une seule question politique: celle de l'union des Principautés. Une dernière partie traite des mœurs et de la civilisation. Ubicini, qui s'occupa de la question roumaine dans différents articles publiés par les revues et les journaux du temps, ne devait revenir sur le sujet que plus tard ; il y a une vingtaine d'années, M. Georges Bengesco, auteur d'une utile Bibliographie franco-roumaine, dont les données peuvent compléter à chaque pas notre récit, publiait une exposition, originale parfois dans les arguments employés pour établir le récit, des Origines de l'histoire roumaine par Ubicini. Vers la fin de ses jours, le vieux professeur, qui recevait une pension de l'État roumain, était occupé à recueillir des documents français pour la grande collection des monuments étrangers sur l'histoire des Roumains. Sa correspondance, si elle a été conservée, doit contenir de nombreux renseignements sur la dernière phase de cette histoire.

CHAPITRE XI

La guerre de Crimée et la fondation de l'État roumain.

Lorsque l'Empire français commença la guerre de Crimée, l'opinion publique ne pouvait pas consentir à la reconnaître uniquement comme une action politique destinée à raffermir les bases branlantes de la Turquie dégénérée. Formée par la noble propagande idéaliste des romantiques, elle exigeait des vainqueurs, qui avaient dressé le drapeau de l'Europe future, plus libre, plus juste et plus durable, le relèvement des nationalités abaissées par les conquêtes et les annexions. Les souffrances de l'Italie et de la Pologne, à une époque où un auditoire considérable se passionnait aux leçons vibrantes d'Adam Mickiewicz et où le credo de Mazzini était sur les lèvres de toute la jeunesse républicaine, trouvaient des âmes en état de comprendre ce qu'un peuple en détresse peut demander en sa faveur à la conscience universelle. Kossuth lui-même rencontrait en Angleterre des partisans enthousiastes de la liberté magyare et en France des amis personnels et des auxiliaires de ses efforts dans les cercles les plus influents qui entouraient l'Empereur ; on sait que plus tard l'ancien dictateur républicain consentit à faire reconnaître le prince Napoléon comme roi de la nouvelle Hongrie. Mais cette Hongrie, aussi bien que l'Italie délivrée, ne pouvaient résulter que d'une guerre victorieuse, d'une grande guerre absolument victorieuse contre l'Autriche, qui n'était pas encore l'ennemie. Pour séparer la Pologne de l'Empire russe, il aurait fallu un autre succès que celui de Sébastopol et surtout le consentement de l'Autriche et de la Prusse, qui craignaient de perdre la part qu'elles s'étaient attribuée à la curée. Puisqu'il fallait cependant nécessairement une satisfaction à ces intellectuels, assoiffés de délivrances nationales, à ces bourgeois dont l'âme était dominée par un idéal supérieur aux combinaisons politiques provisoires et passagères, on se vit obligé de créer la Roumanie,

Les Principautés, occupées par la Russie au début du conflit avec le Sultan, avaient subi ensuite une nouvelle prise de possession par les Autrichiens, à la suite d'une entente diplomatique avec la Turquie. L'empereur François-Joseph espérait pouvoir même les annexer à ses domaines, en vertu de leurs anciens rapports de « vassalité » avec la Hongrie du moyen âge, Rien ne fut ménagé dans cette intention : les commandants des troupes impériales furent des Italiens comme le comte Coronini, qui s'était adjoint comme aide-de-camp Grégoire Brancoveanu (Brancovan) ; on fit de splendides promesses aux boïars, alors qu'on faisait miroiter aux yeux la classe laborieuse la solution de la question paysanne. On n'oublia pas d'intéresser les banques et Je crédit public, en parlant d'entreprendre de grands travaux techniques afin de mettre en valeur ce pays arriéré. Le résultat fut qu'on aboutit à créer une aversion générale.

Telle était la situation des esprits à Bucarest aussi bien qu'à Jassy, lorsque le traité Je Paris, accordant à la Moldavie un lambeau de la Bessarabie méridionale, établit un nouvel état de choses pour les Principautés. Elles devaient former, sous la garantie des grandes Puissances, un bloc politique de défense contre la Russie, qui avait perdu, en même temps que le droit d'entretenir une flotte dans la Mer Noire, le protectorat acquis par de longs et opiniâtres efforts. Une conférence devait se réunir ultérieurement pour régler les détails de cette réorganisation.

Il avait été question, un moment, d'ajouter un corps auxiliaire roumain aux troupes françaises, anglaises, piémontaises et turques qui combattaient à Sébastopol, Certains des représentants de la jeunesse l'auraient désiré chaleureusement. Il n'y eut cependant que quelques officiers qui servirent sous les ordres des chefs ottomans ; c'est en vain que les révolutionnaires de 1848, comme Rosetti et les Golesco, accoururent de Paris pour solliciter l'honneur de combattre, avec les paysans de l'Olténie, qu'ils espéraient pouvoir mettre en mouvement, contre toute domination étrangère, qui, aux dépens des Turcs, se serait établie sur le territoire de leur patrie ; on les vit à Vidin et à Galatz même, en Moldavie, mais leurs offres furent repoussées. Le souvenir de leur action perturbatrice et surtout les appréhensions de l'Autriche planaient sur ces fauteurs de troubles, capables de renouveler les désordres de jadis ; de là des ajournements et enfin le refus définitif d'Omer-Pacha, commandant en chef des troupes du Sultan. Il n'employa pas davantage Eliad et ses adhérents, qui s'étaient rendus, pleins d'espérance, à son quartier-général. Les deux groupes d'émigrés faisaient, du reste, tout leur possible pour se perdre eux-mêmes dans l'opinion des Turcs, sans se rendre compte du mal qu'ils faisaient ainsi à la cause qu'ils désiraient et prétendaient servir.

Il ne restait qu'un seul moyen d'agir : la propagande faite dans les milieux politiques de l'Occident, à Paris et à Londres surtout. Les émigrés s'y consacrèrent entièrement, avec une infatigable activité qui est aussi leur titre de gloire envers la postérité. D'autre part, ceux parmi les membres de la nouvelle génération qui étaient restés dans le pays trouvèrent bientôt l'occasion de contribuer essentiellement à la création du nouvel ordre de choses. Pour connaître les vrais désirs des « Moldo-Valaques » on avait décidé de les consulter eux-mêmes ; des assemblées consultatives, réunies par des lieutenants princiers, siégèrent pendant quelques mois dans les deux capitales pour émettre les vœux dont avait besoin la conférence pour pouvoir se prononcer sur l'avenir des Roumains. Comme on tenait à garder en tout la note turque, pour ne pas froisser un « suzerain » dont on amoindrissait en fait le pouvoir ou, au moins, auquel on interdisait l'espoir de pouvoir former un Etat unitaire turc aux dépens de toutes les autonomies historiques, les lieutenants furent qualifiés de caïmacams et les assemblées portèrent le nom bizarre, mi-turc, mi-latin, de « Divans ad hoc ».

Les adversaires de cette union des Principautés, qui était dans les cœurs de tous les patriotes, ont reproché à ces assemblées de s'être érigées en Constituantes, d'avoir débattu des questions sur lesquelles on n'avait pas demandé leur avis, d'avoir tenu à proclamer des principes généraux dont l'énonciation sur les bords du Danube ne pouvait servir à rien de réel ni de pratique. Pour comprendre leur attitude, il faut tenir compte, non seulement des besoins urgents du pays, que la diplomatie européenne ne soupçonnait même pas. du désir naturel de mettre les réformes inévitables sous la sauvegarde du monde occidental entier, mais aussi de l'état d'àme de ces législateurs constitutionnels qui, dans leurs vœux, procédaient comme s'il s'agissait de donner des lois et des règlements au nom d'un pouvoir reconnu. Ainsi avaient fait les députés aux États Généraux en 1789; pas plus que les Moldaves et Valaques de 1857 ; ils n'avaient le droit de se considérer comme les représentants indiscutables d'une nation qui voulait se constituer d'après les idées d'une nouvelle philosophie politique; les uns comme les autres étaient également convaincus que toute représentation réelle du peuple a la mission de donner, en vertu d'un droit élémentaire, supérieur au droit écrit, une forme nouvelle à la société. L'esprit aussi bien que le ton des « Divans ad hoc » était celui de la France.

Les vœux de la nation roumaine communs aux deux Principautés comprenaient avant tout la formation d'un seul État. Napoléon III était un partisan de ce projet ; la nouvelle Roumanie aurait défendu les bouches du Danube contre tout empiètement futur ; en outre elle aurait été la première création politique de l'Empire restauré, dont le chef avait déjà posé les principes dans les écrits de sa jeunesse.

L'œuvre devait se heurter aux plus grosses difficultés. Pouvait-on espérer Vaincre rapidement l'opposition de la Porte à la réalisation d'un tel projet? Loin d'admettre la possibilité d'un seul État roumain tributaire, elle croyait pouvoir arriver avec le temps à faire de ces principautés, qui n'avaient été jamais soumises à une administration directe, de simples provinces dont l'autonomie, reconnue formellement, serait traitée dans la pratique selon les intérêts de la nouvelle Turquie.

A ses côtés se trouvaient l'Angleterre et l'Autriche. La première restait fidèle à sa conception que l'Empire ottoman doit vivre, dans ses limites actuelles et sans aucun danger pour son développement à l'avenir. Pour elle, l'intégrité de la Turquie était un dogme et, selon l'expression de ses ministres, elle ne consentait même pas à le discuter. Non seulement les diplomates, mais les journalistes — le Times en première ligne —, les auteurs d'articles sur l'Orient, les voyageurs qui exposaient l'état des choses et le mouvement des esprits en Orient étaient infatigables dans la défense de cet État déchu dont la rénovation n'était qu'une simple illusion de façade. Quant à l'Autriche, elle ne paraissait pas avoir abandonné définitivement ses anciennes visées sur la vallée du Danube infé

rieur ; en tout cas, elle redoutait d'avoir dans cette Roumanie unique un danger perpétuel pour sa domination sur des millions de sujets appartenant à la même race et participant à la même civilisation nationale.

Les projets de l'Empereur étaient, en outre, soutenus très mollement par sa propre diplomatie. Thouvenel, son ambassadeur à Constantinople, n'était guère enchanté du rôle, qui lui était attribué, de combattre sans cesse son collègue, anglais Stratford Canning, personnage tout-puissant et particulièrement tyrannique, pour faire plaisir à des gens qui lui apparaissaient un peu comme un tas de boïars turbulents et rien de plus. On ne pourrait découvrir un seul personnage de marque dont l'influence se fût ajoutée à la ferme volonté de Napoléon III de mener à bonne fin l'œuvre de l'unité roumaine.

Il semblait donc que, pour réaliser l'union, les Roumains ne pussent compter que sur eux-mêmes. Il fallait avoir d'abord des « Divans » réellement élus par le pays, et non par la police des caïmacams, dont ceux qui administrèrent la Moldavie, Théodore Bals et Nicolas Vogoridès, étaient de simples agents dé l'Autriche et de la Turquie. Le pays lui-même était, en outre, trop peu développé encore pour qu'une conscience nationale toute-puissante fût en état de briser les obstacles et d'imposer des candidats favorables à l'union. Vogoridès, qui était rompu aux pratiqués de la diplomatie, sut s'arranger de manière à avoir une assemblée composée pour la plupart dé ses créatures. En présentant le résultat de ses manœuvres éhontées, il se gardait bien de paraître comme Autrichien ; alors qu'il portait avec ostentation à Jassy un beau fez rouge à gland bleu, il faisait savoir à Paris [1] qu'il était né dans le pays ; à sa naissance son père, Etienne, était caïmacan, ce qui faisait de lui presqu'un prince ; non seulement il avait épousé la fille du poète Conachi, mais il avait hérité de toute sa fortune et de son nom même ; il nourrissait des sympathies spéciales pour la France et sa femme était la protectrice la plus dévouée de la civilisation française dans ces régions de l'Orient. Un certain Doze, a qui l'ondoit une brochure intitulée : Six mois en Moldavie, payé pour soutenir les droits à la couronne moldave du jeune et beau Grec, montrait qu'il serait en état de rendre un grand service a la France impériale en fondant une dynastie destinée à toujours servir les intérêts de celle des Napoléonides. D'autres panégyristes faisaient l'éloge d'Alexandre Ghica, devenu caïmacam de Valachie (1), et de tel autre de ses concurrents. Il ne faut pas oublier que ces intérêts personnels étaient représentés à Paris par des hôtes bien connus, comme Grégoire Ghica, fils du prince valaque de 1822 et époux d'une dame Amélie Soubiran, qui a publié un opuscule sur La Valachie devant l'Europe, ou bien comme sort homonyme moldave — marié, lui aussi, à une Française, — qui avait régné de 1849 à 1856. Le premier fut tué dans un accident de voiture en 1858 [2] . L' autre, persécuté dans sa retraite par ses adversaires, qui avaient obtenu aussi l'appui de Bataillard, se suicidait dans son château de Mée.

Cette propagande active n'eut pas l'effet attendu. L'Empereur considérait comme une question de son prestige en Orient l'annulation des élections moldaves. Malgré son mauvais vouloir, Thouvenel dut employer jusqu'aux dernières armes de la diplomatie contre la morgue et le défi de Réchid-Pacha, qui occupait alors les fonctions de Grand-Vizir. Il fit ses préparatifs officiels de départ et ordonna d'amener son pavillon sur le navire qui devait le ramener en France. Il ne fallut pas moins que cette menace de rupture pour faire céder la Porte ; il fut procédé à de nouvelles élections dont le résultat ne pouvait plus être douteux. On a montré un peu plus haut quels furent les vœux que l'Assemblée moldave exprima en 1857.

Mais Napoléon n'était guère disposé à sacrifier son alliance permanente avec l'Angle terre, qui était devenue la base même de sa politique. Il fallut bien en arriver à un compromis. A Osborne, où se rendit l'Empereur pour conférer avec la reine Victoria, fut conclue une entente verbale qui concédait aux Roumains seulement une forme imparfaite de l'union, avec deux princes, deux assemblées, deux armées, mais une législation commune qui devait être établie par une seule commission siégeant à Focsani, sur la frontière, et avec des insignes de l'union sur les drapeaux. Pendant ce temps, en Moldavie même, l'agent d'Autriche et le commissaire de la Porte trouvèrent devant eux l'opposition acharnée du consul de France à Jassy, Victor Place. Il encouragea les efforts de la jeunesse patriote, qui exerçait une influence de plus en plus prédominante sur le pays, et il fut un des premiers à acclamer le succès définitif de cette lutte opiniâtre. Lorsque les commisaires des

Puissances parurent à Jassy, Talleyrand, celui de la France, fut accueilli par des ovations enthousiastes. A un moment donné, on eut — ajouterons-nous — à Bucarest, la visite de Blondel, ministre de Belgique à Constantinople ; à l'en croire, il se présentait en simple voyageur passionné de sciences ; mais en réalité avec mission réelle de préparer l'union pour donner un trône en Orient au comte de Flandre. A Bruxelles, paraissait l'organe français du parti de l'Union, l' Étoile du Danube, inspiré par M. Kogalniceanu et rédigé par Nicolas Ionescu. Le 5 février 1859, le colonel Cuza, déjà élu, une dizaine de jours auparavant, prince de Moldavie, sous le nom d'Alexandre-Jean Ier, devenait aussi prince de Valachie, et cette double élection tournait les difficultés soulevées contre l'union en donnant aux deux Principautés un seul prince capable par son énergie indifférente aux risques et par sa franchise conquérante, de forcer les derniers retranchements de l'opposition turque et de faire de sa situation si heureusement exceptionnelle quelque chose de plus : la couronne des Principautés Unies, puis de la Roumanie unitaire.

Ancien élève des établissements universitaires de Paris, Cuza se considéra toujours comme le protégé de la France, à laquelle il devait son trône. Son secrétaire politique était Baligot de Beyne, qui avait rempli des fonctions de confiance auprès des dignitaires turcs. Il accueillait avec empressement tout représentant de la France. Comme presque tous ses contemporains de la noblesse roumaine, il écrivait mieux le français que sa propre langue et le parlait de préférence. Des officiers de la mission militaire française organisèrent son armée.

Mais surtout il représenta, d'un bout à l'autre d'un règne fécond en grandes réformes telles que la création d'une propriété paysanne personnelle et libre et la sécularisation des biens fonds appartenant aux Lieux Saints d'Orient, le système napoléonien, dans tout ce qu'il avait de factice. Malgré ses fréquents conflits avec les assemblées qu'il ne pouvait pas dominer, mais auxquelles il n'entendait pas non plus obtempérer, il resta le maître, tout en faisant semblant d'observer les formes de la démocratie parlementaire.

Pour résister aux boïars ambitieux et intrigants, qui possédaient dans les Principautés une force politique aussi énergique et envahissante qu'en France la classe des riches bourgeois et des avocats éloquents, il s'appuya sur les paysans, qui n'oublièrent jamais le grand bienfait dû à sa résolution. Usant de coups d'Etat contre des députés qui préféraient abandonner leurs propres principes et déserter les meilleures causes, uniquement pour faire acte d'opposition à la personne du « tyran », il n'oublia pas de soumettre sa nouvelle constitution, qu'il nomma le « Statut », d'après celui que Victor Emmanuel II avait octroyé au jeune royaume d'Italie, à la ratification d'un plébiscite préparé par l'administration.

La partie de l'opposition qui était de fait républicaine, avec C. A Rosetti à sa tête, n'avait pas cependant rompu les relations avec le parti avancé de l'opposition française ; Bataillard lui reprochait même de s'appuyer néanmoins sur cet autre tyran, bien plus pernicieux à leur avis, qui était Napoléon III lui-même. Certains d'entre les mécontents s'étaient abrités à Paris, où ils publiaient des pamphlets envenimés contre le prince ; ils s'évertuaient surtout, pour le discréditer dans les milieux politiques français, à dénoncer ses rapports avec la Russie. Cuza aurait voulu en effet obtenir d'elle, pour lui succéder, ce « prince étranger » depuis longtemps demandé par le pays, un des ducs de Leuchtenberg, qui était petit-fils de Nicolas Ier, par leur mère, la Grande-Duchesse Marie.

Aussi, lorsqu'une conspiration militaire eut mis fin, le 24 février 1866 (ancien style), au règne du prince qui avait été élu avec un si grand et pur enthousiasme sept ans auparavant, la France officielle, dont le consul avait cependant offert ses services au prince déchu, ne protesta pas ; d'autre part, la France libérale applaudit, voyant dans ce triomphe des hommes de la liberté un prodrome heureux de ce qu'elle voulait accomplir elle-même contre le régime impérial.

Il fut question un moment de reprendre entre les représentants des puissances garantes les débats concernant la forme définitive qui conviendrait le mieux aux Principautés, car l'union était considérée comme liée au sort du prince qu'elles s'étaient donné et qui venait de prendre maintenant le chemin de l'exil. Une révolte fut fomentée à Jassy pour demander le rétablissement de la Moldavie séparée ; le gouvernement provisoire l'étouffa dans le sang. La Turquie parlait d'une intervention armée. La France elle-même pensait à échanger ces pays roumains, qui paraissaient être ingouvernables, contre les provinces autrichiennes de l'Italie délivrée en 1859 et qui réclamait ses frontières naturelles à l'Est. Il en fut question aussi à l'entrevue de Salzbourg entre Napoléon III et François-Joseph. Doit-on reprocher cette politique à l'Empereur des Français ? Représentant du principe des nationalités, n'avait-il pas le droit d'établir une gradation entre ceux qui se réclamaient de ses sympathies? N'était-il pas naturel qu'il inclinât vers les Italiens épris d'unité, capables de sacrifices pour la conquérir et la maintenir et, en plus, voisins immédiats de la France, plutôt que vers ces Roumains, perdus dans la lointaine perspective de l'Orient, agités par l'esprit de faction et oublieux, au milieu des tumultes et des conspirations, des grands intérêts de leur nation, qui demandait encore des efforts immenses ? Mais la guerre entre l'Italie et l'Autriche, correspondant à celle que le roi de Prusse fit à l'empereur de Vienne, donna bientôt un autre pli à l'affaire. Le royaume de Victor-Emmanuel II fut complété sans qu'il fût besoin de payer son agrandissement par l'abandon d'un autre pays latin, dont les meilleurs fils n'étaient pas responsables des excès politiques commis par une classe dominanteen décadence, celle des derniers vrais boïars et celle aussi des arrivistes qui cherchaient à les imiter, sans avoir au moins leurs belles traditions.

 La Roumanie resta donc entière, telle que l'avaient faite la prudence et le courage du prince Cuza. On avait proposé en France, prétend un auteur assez bien informé, un nouveau chef dans la personne de ce prince Napoléon qui n'avait pas réussi à devenir roi de Hongrie. Un premier plébiscite, à la mode napoléonienne, offrit cette couronne de risques et de dangers à l'ancien candidat qui avait été le comte de Flandre. Mais celui qui, après avoir été élu avec une majorité formidable, accepta définitivement, fut Charles de Hohenzollern-Sigmaringen. Il devint, en mai 1866, Carol Ier, prince régnant de Roumanie.

Ce n'était pas un Allemand de pur sang. Son père, Charles-Antoine, était parent du roi de Prusse, dont il avait été le ministre, d'ailleurs très libéral ; mais à un degré si éloigné qu'il est difficile de le déterminer exactement. D'autre part, Charles-Antoine, fils de Marie-Antoinette Murat, sœur du brillant et infortuné roi de Naples, Français dont les origines, on le sait, étaient fort modestes, avait épousé une Beauharnais qui s'appelait Joséphine, comme la première femme de Napoléon Ier. Cette Joséphine était fille à son tour de Stéphanie de Beauharnais, grande-duchesse de Bade, que l'Empereur avait adoptée et qu'il entoura toujours d'une sympathie particulière. Si la sœur de Murât ne joua jamais un grand rôle, Stéphanie de Bade remplit l'époque de sa personne ; elle se dépensait en mouvements, en conversations, en projets et en actions politiques. Restée très Française, allant sans cesse dans le milieu social de la France, où elle faisait de fréquentes apparitions (elle devait mourir à Nice), Stéphanie conçut le projet de marier sa fille, Carola, avec Napoléon III, qu'elle avait connu dans les jours d'isolement et de mélancolie d'Arenenberg, Joséphine était bien une Allemande, mais elle n'avait pas négligé ses parents français auxquels de nouveau le sort avait souri ; il fut question d'un mariage entre l'Empereur et sa fille Stéphanie, qui épousa quelques années plus tard le roi de Portugal Pierre V (1858) pour s'éteindre bientôt à Lisbonne.

Les alliances latines de la famille ne se bornèrent pas là. Après la mort de la belle et bonne reine Stéphanie (1859), Léopold de Hohenzollern, fils aîné de Joséphine de Bade, épousait dona Antonia, fille de la reine de Portugal, dona Maria II da Gloria, et de Ferdinand de Saxe-Cobourg, qui descendait du maréchal de Saxe ; le fils de cette princesse de Bragance et de Bourbon est le roi Ferdinand, qui règne aujourd'hui sur la Roumanie et mêle ses efforts et ses souffrances à celles de» soldats qui combattent pour l'utilité nationale.

Charles de Hohenzollern lui-même avait paru en France, où une amie de Joséphine, la sœur de lait de Napoléon, Mme Hortense Cornu, femme très intelligente et d'une grande influence, avait guidé ses pas. À cette cour brillante de l'Empereur, il apprit à connaître la seconde fille du prince Lucien Murat, descendant elle-même par sa grand'mère des Napoléon, et il demanda la main d'Anne Murat : mais, à ce que prétend un auteur roumain, l'Empereur posa comme condition du futur mariage que le jeune prince entrât dans l'armée française, et il préféra ne pas quitter le drapeau sous lequel il avait servi jusque-là. Le puissant courant national qui agitait fiévreusement alors la jeune Allemagne contribua sans doute à cette résolution devant laquelle l'amour abdiqua ; les Hohenzollern de Sigmaringen, princes catholiques rhénans, se plaisaient à rappeler à toute occasion que le roi de Prusse est aussi le chef de leur Maison. Quant à Anne Murat, elle devint plus tard Mme de Noailles, duchesse de Mouchy.

Le souvenir de Napoléon III resta d'ailleurs toujours puissant chez le souverain de Roumanie. Il avait, comme son modèle, le goût des discours solennels, des pompes militaires, des grands travaux techniques ; comme lui, il avait le culte du prestige ; c'était un esprit libéral avec une tendance vers un despotisme actif et souvent bienfaisant. Plus d'un moment de son règne rappelle, avec moins d'éclat, certaines pages du second Empire.

Quant à la direction politique de Charles Ier, ce prince trouva une société élevée à la française, connaissant parfaitement les décors brillants de Paris, s'intéressant aux derniers produits de cette littérature, parfois très frivole, qui distingue les derniers temps de l'époque impériale. Elle ignorait l'Allemagne et l'Angleterre, même l'Italie ; elle ne voulait pas connaître la Russie et nourrissait un mépris plus ou moins justifié, mais stérile en tout cas et destiné à devenir pernicieux, pour les petits peuples des Balcans. Une seule politique était possible au début, celle qui continuerait à rattacher le sort de la Roumanie à celui de l'Empire protecteur.

Si, malgré les aspirations persistantes — et si légitimes ! — des Roumains qui voulaient compléter leur unité nationale en s'annexant leurs a frères » de Transylvanie, du

Banat et de la Bucovine, un rapprochement eut lieu avec l'Autriche, c'est la diplomatie française qui en fut l'auteur et la cause essentielle. L'antagonisme avec la Russie persistait, et, comme l'Autriche était la rivale traditionnelle de l'influence russe dans les Balcans, c'est Paris qui montra à Bucarest le chemin qui menait à Vienne. Le prince de Roumanie fit donc le voyage recommandé pour nouer des relations d'amitié avec François-Joseph, et dès ce moment les revendications nationales tombèrent au second plan ; car le monde officiel déclara à plusieurs reprises, et d'une manière solennelle, qu'il renonçait à les poursuivre, se bornant de temps en temps à réclamer amicalement — mais sans aucun fruit — un meilleur traitement pour les peuples de même race et de même langue vivant sous la Couronne de saint Etienne. Ceci n'empêcha pas cependant le duc de Grammont, ambassadeur de France à Vienne, d'entamer des négociations avec le prince Cuza, qui refusa noblement de s'appuyer sur l'étranger pour regagner une situation injustement perdue.

Quatre ans plus tard, la candidature du prince Léopold, frère de Charles Ier, au trône d'Espagne, amena la guerre entre la Prusse et la France, et l'Empire en fut brisé. La troisième République, préoccupée de graves problèmes intérieurs dut restreindre son action au dehors ; elle laissa détendre ses relations avec le lointain pays latin du Danube, qui devait tant aux efforts faits par le souverain déchu pour le triomphe de sa cause nationale. Néanmoins, pendant ses moments les plus difficiles, la France ne trouva nulle part peut-être de sympathies plus réelles et plus profondes qu'en Roumanie. Des manifestations pour la France vaincue se produisirent dans le Parlement de Bucarest, et M. P. P. Carp, qui ne nourrissait pas encore les sentiments qu'on lui connaît, déclarait, comme ministre des Affaires Etrangères, que <(là où flotte le drapeau de la France se trouvent les sympathies des Roumains ». L'ambassadeur de l'Empereur à Constantinople reconnaissait la gratitude que, au risque de s'attirer la colère et les représailles du vindicatif Bismarck, ce pays avait su montrer, tout seul, pour la grande nation latine de l'Occident.

Lorsque les événements de 1877 demandèrent à la Roumanie vassale de prendre une décision à l'égard de la Porte, elle s'adressa à la France pour lui demander conseil et appui. L'accueil fait par le duc Decazes ne fut pas très chaleureux. Si vous vous décidez à agir, fit-il répondre, nous en sommes bien aises : le rôle des Puissances garantes est terminé, et vous porterez la responsabilité entière. Il fallut bien aller. Tout ceci n'empêcha pas Kogalniceanu de manifester sa profonde conviction que cependant, au moment décisif, le concours de la France ne manquerait pas aux Roumains.

Après la participation héroïque de l'armée princière aux combats livrés autour de Plevna, où l'avait amenée l'appel du Tzar Alexandre II, le congrès de Berlin s'ouvrit au mois de juillet 1878. M. Waddington y représentait la France. Il ne fit aucune opposition aux cessions territoriales imposées à la Roumanie victorieuse et, comme tous les autres membres du Congrès, il lui imposa l'admission au droit de cité des étrangers sans protection d'État.

Le commerce français en Roumanie subissait presque chaque année une diminution, qui s'expliquait par l'envahissement des produits, mauvais et très bon marché, venant d'Allemagne. L'importation de ceux qui formaient un vrai monopole de la France en Orient : parfumeries, articles de mode, soieries, tissus de luxe, fut atteinte par l'adoption toujours croissante de la pacotille de Vienne ou de la contrefaçon de Berlin. D'autre part, le blé roumain avait trouvé de nouveaux marchés en Occident.

Les représentants de la France en Roumanie, dont certains, comme Engelhardt et Coutouly, ne l'ont pas oubliée facilement, avaient plutôt un rôle politique de second ordre ; ils n'étaient pas encouragés à soutenir un commerce qui pouvait être largement rémunérateur et une influence de civilisation qui était à l'honneur et à l'avantage de leur pays. Les agences consulaires qui existaient dans les districts dès 1830 disparurent peu à peu, et le consulat, jadis florissant, de Jassy fut confié à un vice-consul qui n'était pas même un diplomate de carrière ; c'était un simple gérant, vivant d'autres occupations qui l'amoindrissaient, au milieu d'une société éblouie par la richesse et le luxe.

Cependant, à cette époque, des voyageurs et autres écrivains français, sans compter un Belge, Emile de Laveleye, consacrent des pages de sympathie au nouveau royaume roumain, proclamé en 1881. Sur les traces de Saint-Marc-Girardin, Elisée Reclus, qui" visita Bucarest en

1883, constate l'origine latine des Roumains, leur importance civilisatrice dans le sud-Est européen où ils occupent la première place, en attendant qu'ils l'obtiennent dans une Confédération balcanique future, la distinction physique et la noble fierté du paysan, la grâce des femmes et le droit que possède cette nation de former un seul État comprenant tous ses membres [3] . Des pages plus superficielles sont consacrées par Edmond About à son voyage en Valachie.

Un Français, Ulysse de Marsillac, occupait en 1870 la chaire de littérature française à l'Université de Bucarest. Il publia une très bonne histoire de l'armée roumaine et rédigea pendant quelques années le Journal de Bucarest, une des meilleures feuilles qui eussent paru en Roumanie. A la même époque, parurent des traductions d'Alexandri, un peu éloignées du texte, mais d'une grande ampleur et d'un noble essor, d'une belle harmonie ; elles sont dues à un certain Rucareanu, de son vrai nom Antonin Roques, professeur de français dans la capitale roumaine. Le passé des Roumains intéressait ce poète d'un talent réel, aussi bien que l'inspiration populaire qui animait les vers de son modèle, et, comme il était arrivé à écrire couramment notre langue, il fit représenter une pièce en roumain, dans laquelle il exploitait, à grand fracas romantique, les tragiques malheurs du prince valaque Constantin Brancoveanu, exécuté par les Turcs, avec sa famille entière, en 1714.

Le Journal de Bucarest ayant cessé de paraître, d'autres hôtes français, Emile Galli et Frédéric Damé, publièrent en

1877 une nouvelle feuille française, l'Indépendance Roumaine, qui eut ses vicissitudes. Galli rentra en France ; Damé fut ensuite rédacteur d'un des journaux roumains, Cimpoiul (la « zampogna » italienne), qui donna, entre autres, une bonne traduction du Quatre-vingt-treize de Victor Hugo ; on a de lui surtout un grand Dictionnaire roumain-français, d'une réelle valeur lexicographique. Mais l'Indépendance Roumaine, aussi bien que les autres feuilles françaises, l'Étoile Roumaine, la Roumanie, la Politique, ne furent que des organes de parti, destinés à plaire aux étrangers vivant en Roumanie, au « beau monde » préférant la feuille française, et à favoriser la propagande de certains intérêts particuliers au-delà des frontières ; les numéros du dimanche ne contiennent que la reproducton de fragments quelconques tirés de la littérature française la plus récente. Un essai, tenté tout dernièrement par un groupe de professeurs, pour faire connaître à la France et à l'étranger en général la vie nationale elle-même, n'eut pas de succès : la Revue Roumaine de Bucarest ne vécut pas même une année. Les conférences faites par des Roumains au « cercle » bucarestois de la revue parisienne les Annales ne contribuèrent guère à faire mieux connaître le public de Roumanie ni l'esprit français dans ce qu'il a de plus noble et de plus utile à d'autres nations, ni aux Français de passage à Bucarest ce que la vie roumaine recèle d'original et d'intéressant. Pour atteindre les deux buts, il fallait s'y prendre de tout autre manière.

Pendant ce temps, Paris cessait d'être en faveur auprès des étudiants roumains vraiment désireux de s'instruire, tandis que l'influence allemande s'exerçait, au moyen de la revue Convorbiri literare (ce Entretiens littéraires »), par des jeunes gens revenus des Universités impériales, comme M. T. Maiorescu, qui fit cependant aussi des études à Paris, et M. P. P. Carp. La civilisation tout entière des Roumains continua cependant à subir une influence française, qui se mélangeait de plus en plus heureusement au propre fonds national, plein d'originalité et de vigueur. Si le plus grand poète de cette génération, Michel Eminescu, n'a rien de français dans ses morceaux lyriques si profondément vibrants ni dans ses envolées philosophiques — il a traduit cependant du français sa pièce Laïs, — si la seule note populaire distingue les nouvelles du grand conteur Jean Creanga et de Jean Slavici, le principal dramaturge de l'époque, Jean L. Caragiale, fut, jusque vers la fin de sa vie, un lecteur passionné des modèles français, auxquels il emprunta sa délicate analyse psychologique, son inimitable sens de la précision et de la mesure. Les nouvelles de Maupassant, si riches d'humanité, trouvèrent de nombreux imitateurs, et contribuèrent sans doute à l'essor heureux que prit ce genre dans notre littérature plus récente. Dans les différentes branches de la science, il y eut peut-être une influence encore plus profonde.

Il ne faut pas oublier ensuite que, pour les arts, l'inspiration est française dès le début et se maintient jusqu'à ce jour. C'est à Paris que firent leurs études nos premiers peintres, un Georges Lecca, un Tatarescu, un Lapati, élève d'Ary Scheffer, qui essaya vers 1850 de fixer dans un tableau qui ressemble à l'ébauche d'un sculpteur la grande figure du Voévode libérateur, Michel-le-Brave. Théodore Aman, fils d'un marchand de Craïova, se forma sous des maîtres français, à l'époque dé la guerre de Crimée, dont il présenta des scènes aux salons de Paris, où elles furent bien accueillies. Nicolas Grigorescu, qui découvrit, avec le charme des paysages roumains dans la montagne, où, il habita jusqu'a la fin de sa vie, les conditions spéciales du milieu atmosphérique, les particularités du plein air roumain, avait commencé, à l'époque où un Millet, un Corot révolutionnaient l'art français par de longues études patiente dans la forêt de Fontainebleau et dans les villages de Normandie. Son œuvre entière, si elle est pour les Roumains une splendide révélation de leur patrie, doit être comprise, sous le rapport de la conception générale et des moyens techniques, dans le chapitre de cette peinture française des derniers temps de l'Empire à laquelle il ajouta un idéalisme naïf et rêveur.

Il ne faut pas oublier non plus que notre meilleur compositeur, Georges Enescu, appartient à la France presqu'aussi, intimement qu'à la Roumanie.

Cependant, alors que les traductions des poètes et des prosateurs français forment toute une riche branche de la production lit»» téraire en Roumanie, presque rien de la littérature roumaine n'a pénétré en France, où, depuis l'époque d'Ubicini, l'intérêt pour l'âme de cette nation-sœur n'a cessé de diminuer. Et cependant, depuis 1890 surtout, les littératures étrangères, même celles des nations moins développées, ont trouvé en France, non seulement des interprètes laborieux, mais aussi un public enchanté de découvrir ces nouvelles sources de poésie.

La faute en est en première ligne aux Roumains eux-mêmes. Pendant que M. Emile Picot donnait un nouvel essor aux études roumaines par son cours à l'Ecole des langues orientales vivantes, par son édition de la chronique d'Ureche et par d'intéressants travaux d'érudition, pendant que des milliers d'étudiants se succédaient sur les bancs des hautes écoles françaises et qu'une colonie nombreuse de gens cultivés et riches passait son temps à Paris, il ne se trouvait parmi eux personne pour raviver un intérêt qui paraissait devoir s'éteindre complètement. Après 1850, un Valaque de l'Olténie, Grégoire ou —ainsi qu'il croyait préférable de signer—, Grégory Ganescu (Ganesco), après avoir commencé par traduire les Aventures du dernier des Abencerrages de Chateaubriand, et composé un livre sur la Valachie, dans lequel il posait la candidature au trône de deux Cantacuzène, père et fils, et une étude sur le principe national, publiait des journaux de polémique violente contre les mœurs du second Empire : le Courrier du Dimanche, le Nain Jaune, qui lui créèrent une notoriété. Avec le temps, il parvint, à force de patience et de labeur, à se former un style français d'une verve particulièrement mordante, et certaines de ses pages ont une véritable valeur littéraire. Un de ses collaborateurs fut un fils de boïar, Jean Floresco. Mais après ces frondeurs qui ont inscrit leurs noms à côté de ceux d'un Aurélien Scholl, d'un Prévost-Paradol et même d'un Barbey d'Aurevilly dans l'histoire de la réaction contre la dissolution littéraire et morale de l'époque, personne ne vint pour représenter un apport d'âme roumaine à la littérature française. Les beaux vers de Mlle Hélène Vacarescu, d'une si robuste facture, dans lesquels vibrent les accents, les éclats d'une passion si profonde, n'ont que très rarement des notes dues à la sensibilité douloureuse et parfois mystique qui nous est propre. Nous ne parlerons pas des imitateurs, parfois heureux, de la poésie française contemporaine; ils appartiennent par leur sang parfois à la nationalité roumaine, mais par leur éducation entière et par tout le milieu social à la France parisienne.

Cependant les ouvrages de M. Alexandre D. Xénopol, qui donna une grande Histoire des Roumains en deux volumes, trouvèrent un très bon accueil auprès du public français qui discuta aussi avec intérêt ses Principes fondamentaux de l'histoire. M. Xénopol, très connu en France, est membre étranger de l'Académie des Sciences morales et politiques. Il y avait été précédé par Georges Bibesco, fils du prince régnant, qui combattit en 1870 dans les rangs de l'année française à côté d'autres Roumains, — un Constantin Pilat, qui abandonna son siège de député, un Saguna, parent du grand Métropolite des Roumains de Transylvanie —; il donna à la littérature française des pages très remarquables, transcrites par Zola lui-même, sur la campagne du Mexique aussi bien que sur la guerre contre l'Allemagne [4] . Des renseignements sur la civilisation roumaine au XVIII* siècle et à l'époque de la renaissance nationale ont été donnés par un ancien élève, de son vivant professeur de littérature française à Bucarest Le meilleur ouvrage de géographie consacré à la Roumanie est celui de M. Emm. de Martonne, la Valachie. L'auteur, qui est venu lui-même chercher dans le pays, avec un zèle infatigable, ses matériaux, connaît le roumain ; il porte un intérêt réel à un peuple auquel il n'entend pas prodiguer seulement de ces éloges incompétents, odieux à ceux mêmes qui en sont l'objet.

Il y a quelques années, alors qu'on nous croyait encore en France complètement inféodés à la politique allemande et que le plais hardi n'aurait osé espérer que nous pourrions un jour entreprendre une lutte pleine des plus douloureux sacrifices et des risques les plus graves aux côtés de la France, un de nos anciens maîtres, M. Charles Bémont, l'un des directeurs de la Revue historique, se trouvait de passage, comme membre d'une croisière scientifique, à Bucarest. Après avoir vu les monuments d'art ancien conservés alors dans le Musée de cette ville : pierres sculptées, boiseries ornementées, vases d'église d'un énergique et noble travail, chasubles et rideaux d'autel brodés d'or sur les doux fonds d'azur, de rouge pâle, de vert fané, exprimait dans quelques mots le sentiment que lui avait produit ce premier contact avec un art nouveau : « Le pays qui a donné ces œuvres ne mérite pas seulement d'être cité dans une histoire de l'art, mais il y mérite un chapitre spécial ». Il paraissait s'adresser ainsi, devançant le jugement de profonde admiration de M. Strzygowski, à ses compatriotes, à ces Français qui, quand ils le veulent, ont une si délicate compréhension pour toutes les formes nationales que peuvent revêtir l'originalité et la sincérité humaines [5].

Quelques moments plus tard, il était question, avec le même visiteur distingué, d'un mouvement populaire qui avait éclaté en Roumanie contre les membres de la société riche qui voulaient représenter sur la scène du Théâtre National de Bucarest une comédie légère, empruntée au répertoire de certains , établissements parisiens. Nous cherchions à lui en expliquer les vrais motifs, qui n'avaient rien à voir avec la profonde admiration que nous portons tous au génie créateur de la France dans tout ce qu'il a de plus sain et de plus durable, et M. Bémont s'exprimait — nous nous le rappelons bien — dans ces termes : « Vous avez raison. Ce qui peut nous être agréable, ce n'est pas de singer notre civilisation, mais bien de l'employer utilement pour provoquer ou hâter l'éclosion d'une civilisation nouvelle ». Cette fois, c'est à nous autres qu'il s'adressait.

A cette heure, où nous glorifions cent mille Roumains qui ont versé leur sang — morts à tout jamais inoubliables, blessés aux nobles cicatrices — pour la même cause qui a demandé leur sang à plusieurs millions de soldats armés pour la défense du sol français et de l'honneur national, qu'on nous permette de souhaiter que les appréciations formulées par un homme dont chaque parole représente une profonde conviction, soient désormais les lignes directrices dans les relations entre la grande nation latine de l'Occident et sa sœur cadette du Danube.

Élevés à l'école française pour devenir d'autant plus nous-mêmes, nous sentons le devoir de remercier nos maîtres et éducateurs par le don le plus beau que puisse faire une nation : des sources de nouvelle inspiration jaillissant des profondeurs mêmes de son âme.

Page:Iorga - Histoire des relations entre la France et les Roumains, 1918.djvu/271 Page:Iorga - Histoire des relations entre la France et les Roumains, 1918.djvu/272 Page:Iorga - Histoire des relations entre la France et les Roumains, 1918.djvu/273 Page:Iorga - Histoire des relations entre la France et les Roumains, 1918.djvu/274 Page:Iorga - Histoire des relations entre la France et les Roumains, 1918.djvu/275 Page:Iorga - Histoire des relations entre la France et les Roumains, 1918.djvu/276 Page:Iorga - Histoire des relations entre la France et les Roumains, 1918.djvu/277 Page:Iorga - Histoire des relations entre la France et les Roumains, 1918.djvu/278 Page:Iorga - Histoire des relations entre la France et les Roumains, 1918.djvu/279 Page:Iorga - Histoire des relations entre la France et les Roumains, 1918.djvu/280 Page:Iorga - Histoire des relations entre la France et les Roumains, 1918.djvu/281 Page:Iorga - Histoire des relations entre la France et les Roumains, 1918.djvu/282

TABLE DES MATIÈRES

— Introduction
— Avant-propos
CHAPITRE I.
Premières relations pendant l'antiquité et le moyen-âge 17
CHAPITRE II
Les Français sur le Danube roumain pendant les croisades du XVe siècle 26
CHAPITRE III
Négociateurs et voyageurs français au XVIe siècle. Premiers prétendants roumains en France 35
CHAPITRE IV
Mercenaires, voyageurs et missionnaires au XVII» siècle 56
CHAPITRE V
Princes phanariotes et amis français dans la première moitié du XVIIIe siècle 75
CHAPITRE VI
Précepteurs et secrétaires français en Moldavie et en Valachie au XVIIIe siècle. Premiers écrivains français traitant des Principautés 83

CHAPITRE VII
La Révolution française et les Roumains 120

CHAPITRE VIII
La civilisation française et les pays danubiens. Relations politiques jusqu'à l'avènement de la Monarchie de juillet. 136

CHAPITRE IX
La Monarchie de juillet et les Roumains. 153

CHAPITRE X
La Révolution de 1848 et les émigrés. 196

CHAPITRE XI
La guerre de Crimée et la fondation de l'État roumain. 216

Index des noms propres. 267

Vannes, — Imprimerie LAFOLYE, frères.

1. ↑ Voir Philippe de Mézières, par Nic. Jorga, n° 110, de la Bibliothèque de l'École des Hautes-Études, 1896
2. ↑ Pour tout ce qui précède les sources se trouvent dans le recueil de Hurmuzaki, Supplément au tome Ier. Pour Pierre Cercel, voyez nos Actes et fragments, tome I ; les lettres de ce prince et les rapports de Germigny sont dans le tome XI du recueil de Hurmuzaki. De même pour Jean Bogdan. Voir aussi notre mémoire sur les prétendants, dans le tome XIX des Mémoires de l'Académie Roumaine.
3. ↑ Le voyage de Bongars, est dans le tome XIV au recueil de Hurmuzaki, celui de Fourquevaux dans nos Actes et fragments. L'opuscule de Baret a été reproduit dans le tome ii du Tesaur de monumente istorice publié par A. PapiuIlarian (Bucarest, 1863)
4. ↑ Les actes concernant les relations de Césy et de Gournayavec les princes roumains sont dans nos Actes et Fragments, tome I. Le voyage de Philippe Avril a été reproduit dans le recueil de Papiu, tome III.

5. ↑ Lespièces relatives à ces événements se trouvent dans le premier Supplément au tome I de la collection Hurmuzaki et dans nos Studii si documente, XX,
6. ↑ Voir les documents dans le volume déjà indiqué de la collection Hurmuzaki et dans un récent recueil de M. J. C. Filitti.
7. ↑ Voir, entre autres, la description des antiquités trouvées à Suceava, ancienne capitale de la Moldavie. Notre écrivain reconnaît dans Bogdan Chmielnicki, le rude chef cosaque qui créa au XVII siècle un « État » de brigandage sur le Dnieper, le descendant de la lignée des princes moldaves qui commence par Bogdan le Fondateur.
8. ↑ Hauterive, dont il sera question plus loin, a compris ce motif (pp. 323-324).
9. ↑ Pages 21-22
10. ↑ Pages 66-67.
11. ↑ Page 24.
12. ↑ Pages 72-73.
13. ↑ Pages 146 et suiv.
14. ↑ Pages 176-178.
15. ↑ Pages 182-184.
16. ↑ Page 244.
17. ↑ Page 248.
18. ↑ Pages 248 et suiv. Cf. page 268 et suiv.
19. ↑ Page 132.
20. ↑ Pages 223 et suivantes. Hauterive recommande au prince trois seuls personnages moldaves dignes de sa con fiance, parmi lesquels le Métropolite (pages 198-200).
21. ↑ Annales de l'Académie Roumaine, année 1916.
22. ↑ Ibid.
23. ↑ Voir notre Histoire de la littérature roumaine au XVIIIe siècle, tome II, page 438 ; Histoire de la littérature roumaine au XIXe siècle, tome I, page 121 et suiv.
24. ↑ Hurmuzaki, tome xiv, à cette date.
25. ↑ Annales de l'Académie roumaine, année 1916.
26. ↑ Papiu, Tezaur, tome iii.
27. ↑ Annales de l'Académie roumaine, comme plus haut.
28. ↑ Elias Régnault, Histoire sociale et politique des Principautés Danubiennes, Paris 1855. On pourrait citer encore d'autres témoignages.
29. ↑ Hurmuzaki, tome x, Appendice.
30. ↑ Hurmuzaki, tome x.
31. ↑ Madame Cottin trouva un traducteur dans Conachi lui-même.

32. ↑ Le Règlement parut aussi en français, de même que, plus tard, le Code civil de Moldavie. Comme secrétaire de la commission fonctionna un Français, nommé Coulin.
33. ↑ D'autant plus que, même après 1821, le français avait continué d'être enseigné, avec le professeur transylvain Erdeli, à l'école nationale.
34. ↑ Voy. aussi Gr. B. Ganesco, De la Valachie. p . 103 et suiv.
35. ↑ Voy. Sturdza, Acte si Documente ; sur Bois-le-Comte, Eîllecocq, Le nostre prigioni, tome i, pages 167-170 et page 135.
36. ↑ Le nostre prigioni, tome i, p. 215.
37. ↑ La Principauté de Valachie sous le Hospodar Bibesko par B. ***, ancien agent diplomatique dans le Levant, 2e édition, Bruxelles 1848, pp. 24, 30.
38. ↑ Au premier scrutin avait été élu le vieux Filipesciu, au second Emm. Baleanu. Voir Le nostre prigioni. tome i, pp. 178-9 et La Valachie, etc., p. 121. Alexandre Ghica disait de Billecocq qu'il avait « remis dans le salon un consulat qu'il avait dû ramasser dans la rue »
39. ↑ P. 53. Billecocq se reconnaît presque comme l'auteur du pamphlet intitulé Le nostre prigioni, tome i, pp. 144, 181 ; cf.p.339 etsuiv ; ii, p.167 et suiv. — Voy. la lettre par laquelle Nion est accrédité, dans notre Revista istorica, 1. Cf. Billecocq, loc. cit., p. 103 et suiv. et Le nostre prigioni, tome i, pp 261 — 264.
40. ↑ M. V. Bogrea me signale une Anthologie grecque du même, qui, dédiée à Grégoire Ghica, prince de Moldavie (1853), mentionne aussi (p. XV) « la sollicitude persévé rante et les encouragements du prince Georges Bibesco »,
41. ↑ Une correspondance dans le sens de Bibesco a été, dit-on, insérée dans le National, 3e trimestre de 1842 (Le nostre prigioni, p. 187, note).
42. ↑ « Vous avez été », disait-il à Bibesco, « l'ennemi pas sionné de mon ami le prince Ghica » (Le nostre prigionij terne i, pages 74-75).
43. ↑ Ibid., pages 70, 73-74 et suiv., 115 et suiv., 124 et suiv., 128 et suiv.
44. ↑ Ibid., pages 90 et suiv., 184,
45. ↑ Voy, aussi Le nostre prlgioni, pages 370, 378
46. ↑ L'Illustration, année 1857, p, 39.
47. ↑ L'Illustration, année 1855, p, 7 et suiv,
48. ↑ Il s'agit de l' Album moldo-valaque de Billecocq, qui, comme on le verra, parut dans l'Illustration de 1849, bien que la préface soit datée de septembre 1847. Voy. Le nostre prigioni, n, pp. 243, 256 et suiv. Cf. le Monde Illustré, année 1874. tome n, p. 257.
49. ↑ Notre revue Floarea Dunarilor, tome H, pp. 227-228,344.
50. ↑ Étoile du Danube, p. 340.
51. ↑ Étoile du Danube, p. 340.

52. ↑ Billecocq, loc. cit., pp. 335-337, 394-397.
53. ↑ Le terme appartient à Elias Régnault.
54. ↑ Billecocq, loc. cit., pp. 388 -389.
55. ↑ Voy. sur lui Ubicini, dans l'Univers pittoresque, p. 165, note 1.
56. ↑ Ajoutez : J. Strat, Un. coup d'oeil sur la question roumaine, Paris 1858 ; Bolintineanu, Les Principautés Roumaines. Vaillant traduisait un article de Balcescu dans la Revue d'Orient paru eu 1845.
57. ↑ Etoile du Danube, p. 224. Une notice parle de lui en ces termes : « La Valachic lui dut en partie, en 1830, l'or ganisation de l'instruction publique ; en 1831 la fondation de l'internat du collège national de SaintvSava ; en 1810 l'éta blissement de l'école gratuite des jeunes filles ; en 1838 enfin le spécimen du Dictionnaire universel de la langue roumaine, pour lequel la Chambre valaque lui vota, à l'u nanimité et à titre d'encouragement, la somme de 1000 du cats. Cf. ses paroles émues à la mort de Grégoire Ghica, ibid., p. 256.
58. ↑ Il y avait dans l'église de Drajna-de-Jos un grand ta bleau religieux à la mode occidentale signé par un Colson. Ou nous a assuré que ce peintre est différent de notre auteur.
59. ↑ Revue d'Orient, IV.
60. ↑ Dans le Tour du Monde.
61. ↑ Tome i, p. 336 et suiv. ; tome ti, p. 227 et suiv.